“十二五”职业教育国家规划教材
经全国职业教育教材审定委员会审定

汽车发动机拆装实训

第 2 版

主　　编　孙　丽　曲　健
副 主 编　闫春丽　武敬峰
参　　编　杨　辉　韩　笑
　　　　　赖剑峰　冯金瑞

机 械 工 业 出 版 社

本书是关于汽车发动机的实训教材，内容包括汽车发动机拆卸与装配的基本知识，常用的汽车维修工具、量具，机体组、活塞连杆组、曲轴飞轮组的拆装与检测，配气机构、气门间隙、汽油发动机燃油供给系统、喷油器、柴油机喷油泵、润滑系统、冷却系统等的拆装，电控汽油机总体结构认识，点火系统、起动机的拆装与检修，桑塔纳2000AJR型发动机总成的拆装和发动机的维护。

本书图文并茂，通俗易懂，能够使读者在较短的时间内对发动机的各系统有较为全面的了解。

本书可作为高等职业院校、高等专科学校、成人院校及本科院校的二级职业技术学院和民办高校的汽车专业教材，亦可供相关技术人员学习参考。

本书配有电子课件，凡使用本书作为教材的教师可登录机械工业出版社教育服务网 www.cmpedu.com 注册后下载。咨询邮箱：cmpgaozhi@sina.com。咨询电话：010-88379375。

图书在版编目（CIP）数据

汽车发动机拆装实训/孙丽，曲健主编．—2版．—北京：机械工业出版社，2015.6（2019.1重印）

“十二五”职业教育国家规范教材　汽车类教学改革规划教材

ISBN 978-7-111-50265-4

Ⅰ.①汽…　Ⅱ.①孙…②曲…　Ⅲ.①汽车-发动机-装配（机械）-高等职业教育-教材　Ⅳ.①U464.06

中国版本图书馆CIP数据核字（2015）第102547号

机械工业出版社（北京市百万庄大街22号　邮政编码100037）

策划编辑：张双国　责任编辑：张双国

封面设计：赵颖喆　责任校对：张莉娟

封面设计：马精明　责任印制：常天培

北京京丰印刷厂印刷

2019年1月第2版·第3次印刷

184mm×260mm·9.25印张·226千字

标准书号：ISBN 978-7-111-50265-4

定价：26.00元

凡购本书，如有缺页、倒页、脱页，由本社发行部调换

电话服务	网络服务
服务咨询热线：010-88379833	机 工 官 网：www.cmpbook.com
读者购书热线：010-88379469	机 工 官 博：weibo.com/cmp1952
	教育服务网：www.cmpedu.com
封面无防伪标均为盗版	金 书 网：www.golden-book.com

第2版前言

随着汽车技术的飞速发展，我国汽车保有量大幅度提高，汽车领域先进技术不断涌现，这对汽车专业技能人才的数量和素质都提出了更高、更新的要求，特别是汽车维修行业的从业人员。为适应汽车维修企业的需要，培养高素质的汽车专业技能人才，编者在充分调研论证的基础上，对第1版教材进行了全面修订，修订内容包括：

1）为突出教材内容的整体性，保证教材建设与汽车技术同步发展，本书实训内容按照汽车发动机的两大机构五大系统以项目的形式进行了编排。

2）为了进一步突出教材内容的实用性，全书在第1版的基础上增加了汽车传统点火系统的拆装与调整、电子点火系统的拆装与调整、汽车起动机的拆装与检修和发动机的维护四个任务。

3）为了突出教材内容的系统性，有利于学习者掌握，全书内容分成7个项目19个实训任务，实训任务的编排实现从各个系统的拆装与调整到发动机总成的拆装，最后到发动机的维护作业这样一个由简单到复杂的过程。

本书由烟台汽车工程职业学院孙丽、曲健任主编，闫春丽、武敬峰任副主编，参加编写的还有赖剑峰、杨辉、冯金瑞、韩笑。本书总论、实训任务十八由曲健编写，实训任务一由杨辉编写，实训任务二由韩笑编写，实训任务三至八、实训任务十五、十六由孙丽编写，实训任务九至十四由武敬峰编写，实训任务十七由冯金瑞、赖剑锋编写、实训任务十九由闫春丽编写。

本书在编写过程中得到了许多专业技术人员的无私帮助，在此深表感谢。

由于作者水平有限，书中误漏之处在所难免，敬请广大读者批评指正。

编　者

第1版前言

汽车发动机构造是高职高专汽车专业的主要课程，对汽车专业的学生学好后续汽车专业课程具有重要的意义。目前，适合高职高专院校汽车专业技能训练的教材很少，本书正是在此情况下编写的。

本书以培养具有扎实的专业知识和熟练操作技能的技术人员为目的，内容新颖、理论与实践相结合，侧重于培养学生的基本技能，包括工具、量具、仪器、仪表的使用，对各零部件和总成的拆装与检测等。

本书具有以下特色：

1）全书以项目的形式将汽车各总成分成单元，每个项目相对独立，有利于组织实训教学与考核。

2）提供评分标准，便于根据标准评价实训成绩。

3）提供实训报告、实训考题，便于训练后进行测试，检验训练效果。

4）难易适度，具有一定的通用性。

本书由烟台汽车工程职业学院曲健任主编，孙丽、武敬峰任副主编，参加编写的还有杨辉、韩笑。全书内容除总论外分15个实训。其中，总论、实训项目十五由曲健编写，实训项目一由杨辉编写，实训项目二由韩笑编写，实训项目三至八由孙丽编写，实训项目九至十四由武敬峰编写。

本书在编写过程中得到了许多专业技术人员的帮助，在此深表感谢。

由于作者水平有限，书中误漏之处在所难免，敬请广大读者批评指正。

编　者

目　　录

总　论

一、实训目的与要求

1. 实训目的

汽车发动机实训是汽车专业的一个重要教学实践性环节。通过校内部分实训，使学生巩固汽车构造知识，了解汽车总成的拆装要领，掌握主要的调整方法，提高学生的动手能力。

2. 实训要求及注意事项

学生应认真阅读实训教程，了解实训的目的、内容、安排及要求，并在实训过程中认真执行。实训要求：

1）实训结束时，完成一份实训报告。实训报告应实事求是地反映实训过程中的体会和建议，字迹清楚，并按要求上交报告。

2）严格按照实验计划分组进行，人员按编组固定，不得私自调换。实训前完成报告中的预习部分，实训后完成思考题，并交给指导教师。

二、汽车拆卸与装配的基本知识

汽车的技术状况与拆装的质量有很大的关系。若装配不良，往往使零件与零件之间不能保持正确的位置及配合关系；拆卸不当会造成零件不应有的缺陷，甚至损坏。这样，不仅浪费维修工时，而且直接影响到修理的质量、成本以及汽车的使用寿命。

（一）拆卸与装配应遵循的原则及注意事项

拆卸的目的是检查和修理汽车的零部件，以便对需要维护的汽车总成进行维护，或对有缺陷的零件进行修复或更换，使配合关系失常的零件经过维修调整达到规定的技术标准。

1. 拆卸应遵循的原则

（1）掌握汽车的构造及工作原理　若不了解汽车的结构和特点，拆卸时不按规定操作，而任意拆卸、敲击或撬动，均会造成零件的变形或损坏。因此，必须了解汽车的构造和工作原理，这是确保正确拆卸的前提。

（2）按需要进行拆卸　零部件经过拆卸后，容易产生变形和损坏，特别是过盈配合件更是如此。不必要的拆卸不仅会降低汽车的使用寿命，而且会增加修理成本、延长修理工期。因此，应防止盲目地大拆大卸。不拆卸检查就可以判定零件的技术状况时，应尽量不予以拆卸，以免损坏零件。

（3）掌握正确的拆卸方法

1）使用相应的工具和设备。为提高拆卸工效、减少零部件的损伤和变形，应使用相应的专用工具和设备，严禁任意敲击和撬动。如在拆卸过盈配合件时，尽量使用压力机和顶拔器；拆卸螺栓联接件时，要选用适当的工具，依螺栓紧固力矩的大小优先选用套筒扳手、梅花扳手和固定扳手，尽量避免使用活扳手和钳子，防止损坏螺母和螺栓的六角边棱，给下次的拆卸带来不必要的麻烦。另外，应充分利用汽车大修配备的专用拆卸工具。

2）由表及里按顺序逐级拆卸。一般先拆车厢、外部线路、管路、附件等，然后按机器—总成—部件—组合件—零件的顺序进行拆卸。

（4）考虑装配过程，做好装配准备工作

1）拆卸时要注意检查、校对装配标记。为了保证一些组合件的装配关系，在拆卸时应对原有的记号加以校对和辨认，没有记号或标记不清的应重新检查并做好标记。有的组合件是分组选配的配合副，或是在装合后加工的不可互换的合件，如轴承盖、连杆盖等，它们都是与相应合件一起加工的，均为不可互换的组件，必须做好装配标记，否则将会破坏它们的装配关系甚至动平衡。

2）按分类、顺序摆放零件。为了便于清洗、检查和装配，零件应按不同的要求分类顺序摆放，否则，零件胡乱地堆放在一起，不仅容易相互撞损，而且会在装配时造成错装或找不到零件的麻烦。

为此，应按零件的大小和精度归类存放，同一总成、部件的零件应集中在一起放置，不可互换的零件应成对放置，易变形、丢失的零件应专门放置。

2. 拆卸和装配的注意事项

1）当需要顶起汽车的前端或后端时，应在车轮处正确地安放楔块。当顶起汽车时，举升器的垫座或千斤顶的支点要对准车体上的安全支撑点。

2）在进行任何电气系统拆装、发动机的移动作业之前，都要先拆下蓄电池负极接线。

3）每次拆卸零件时，应观察零件的装配状况，检查是否有变形、损坏、磨损或划痕等现象，为修理提供依据。

4）对于结构复杂的组件和总成，以及初次拆卸的零件，要在适当的非工作面上做上记号，以便组装时将其安装到原来的位置。

5）对有较高配合要求的零件，如主轴承盖、连杆轴承盖、气门、柴油机的高压油泵柱塞等，必须做好记号。组装时，按记号装回原位，不能互换。

6）零件装配时，必须符合原车的技术要求，包括规定的间隙、紧固力矩等。

7）组装时，必须做好清洁工作，尤其是重要的配合表面、油道等，要用压缩空气吹净。

8）为了提高工作效率和保证精度质量，要尽可能地使用专用维修工具。操作时，禁止吸烟，并远离火源。

（二）常见联接件的拆卸

汽车上零部件之间的联接形式有多种，主要有螺纹联接、过盈配合联接、键联接、铆钉连接、焊接、粘接、卡扣联接等。这里主要介绍应用非常广泛的螺纹联接、过盈配合联接和卡扣联接的拆卸与装配。

1. 螺纹联接的拆装

在拆装作业中，遇到最多的是螺纹联接，大约占全部联接件的50%～60%。螺纹有圆柱螺纹和锥螺纹，按牙形还可分为三角形、矩形、梯形等形状的螺纹。汽车上主要用三角形右旋螺纹。螺纹的规格和各种尺寸均已标准化，有米制和英制之分，我国采用米制，国际上有的采用米制，有的采用英制。

螺纹按照螺距有粗牙和细牙之分，一般情况下均使用粗牙螺纹。在相同的公称直径下，细牙螺纹的螺距小、牙细、内径和中径较大、升角较小，因而自锁效果好，常用于受强度影响较大的零件（如缸体、制动盘等）以及有振动或变载荷的联接、微调装置等。由于汽车在工作时有较大的振动，对强度要求也很高，故细牙螺纹在汽车上应用得较广泛。

螺纹联接的零件有螺栓、螺钉、紧固螺钉、螺母、垫圈及防松零件（如开口销、止动垫片等）等。联接的主要类型有螺栓联接、双头螺柱联接、螺钉联接和紧固螺钉联接等几种。

拆装螺纹联接使用的工具有手动和机动两类。手动工具主要有固定扳手（梅花）、活扳手、套筒扳手、螺钉旋具等。拆装工具的选用，应根据螺母、螺栓的尺寸，拧紧力矩及所在部位的回转空间等具体条件来选择。一般情况下，为了避免损坏螺栓、螺母的棱角，缩短作业时间，减轻劳动强度，能用固定扳手的不用活扳手，能用梅花扳手的不用呆扳手，能用套筒扳手的不用固定扳手。机动扳手按动力源分有电动式、气动式和液压式三种类型。

2. 螺纹联接件拆装的技术要领及注意事项

1）用扳手拆装螺栓（母）时，扳手的开口尺寸必须适合螺栓头部或螺母的六方尺寸，不得过松。旋转时，扳手开口与六方表面应尽量靠合。操作空间允许时，要用一只手握住扳手开口处，避免扳手因用力过大而脱出。使用螺钉旋具拆装开槽螺钉时，开口与槽口的尺寸必须合适。无论拧紧还是旋松螺钉，均要用力将螺钉旋具顶住螺钉，避免损坏螺钉槽口，造成拆装困难。

2）在向螺栓上拧紧螺母或向螺孔内拧螺栓（钉）时，一般先用手旋进一定距离，这样既可感觉螺纹配合是否合适，又可提高工作效率。在旋进螺母（栓）两圈后，如果感觉阻力很大，则应拆下检查原因：有时是因螺纹生锈或夹有铁屑等杂物造成的，清洗后涂少许机油（全损耗系统用油）即可解决；有时是因螺纹乱牙造成的，可用板牙或丝锥修整一下；有时是因粗、细螺纹不相配造成的，应重新选配。

3）在螺纹联接件中，垫圈的作用非常重要，它既可以保护被联接件的支承表面，还能防松，决不能随意弃之不用，应根据原车要求，安装到位。

4）在发动机缸体上有许多不通的螺纹孔（不通孔），在旋入螺栓前，必须清除孔中的铁屑、水、油等杂物，否则螺栓不能拧紧到位。如果加力拧进，有可能造成螺栓断裂及缸体开裂等。

5）锈死螺栓的拆卸。对于锈死螺栓的拆卸可用下列方法：

①将螺栓拧紧 1/4 圈左右再退回，反复松动，逐渐拧出。

②用锤子敲击螺母，借以震碎锈层，以便拧出。

③在煤油中浸泡 20～30min，使煤油渗到锈层中去，使锈层变松以便拧出。

项目一　常用汽车维修工、量具

实训任务一　常用的汽车拆装工具

一、实训目标

1. 知识目标

了解常用工具的种类和功用。

2. 技能目标

1）掌握各种扳手、锤子、撬棒、铜棒等常用拆装工具的使用方法。

2）掌握汽车举升器、吊车、千斤顶等举升器具的使用方法和使用注意事项。

二、实训设备，仪器和工具

各种扳手、活塞环装卸钳、气门弹簧装卸钳、千斤顶、润滑脂枪（俗称黄油枪）、汽车举升器、吊车。

三、相关知识

1. 扳手

扳手用以紧固或拆卸带有棱边的螺母和螺栓。常用的扳手有呆扳手、梅花扳手、套筒扳手、活扳手、管子扳手等。

（1）呆扳手（见图 1-1）　呆扳手按形状分有双头扳手和单头扳手两种。其作用是紧固、拆卸一般标准规格的螺母和螺栓。这种扳手可以直接插入或套入，使用较方便。扳手的开口方向与其中间柄部错开一个角度，通常有 15°、45°、90°等，以便在受限制的部位能灵活扳动。其规格是以两端开口的宽度 S（mm）来表示的，通常是成套装备，有 8 件一套、10 件一套等，通常用 45、50 钢锻造，并经热处理。

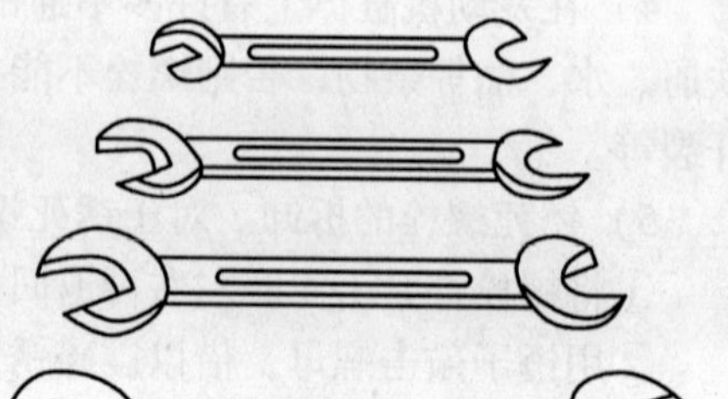

图 1-1　呆扳手

（2）梅花扳手（见图 1-2）　梅花扳手与呆扳手的用途相似，其两端是环状的，环的内孔由两个正六边形互相同心错转 30°而成。使用时，扳动 30°后，即可换位再套，因而适于狭窄场合下操作。与呆扳手相比，梅花扳手强度高，使用时不易滑脱，但套上、取下不方便。其规格是以闭口尺寸 S（mm）来表示的，通常是成套装备，有 8 件一套、10 件一套等，通常用 45 钢或 40Cr 合金钢锻造，并经热处理。

（3）套筒扳手（见图 1-3）　其材料、环孔形状与梅花扳手相同，适用于拆装位置狭窄或需要一定力矩的螺栓或螺母。套筒扳手主要由套筒头、手柄、棘轮手柄、快速摇柄、接头和接杆等组成，各种手柄适用于各种不同的场合，以操作方便或提高效率为原则。常用套筒扳手的规格是 10～32mm 。

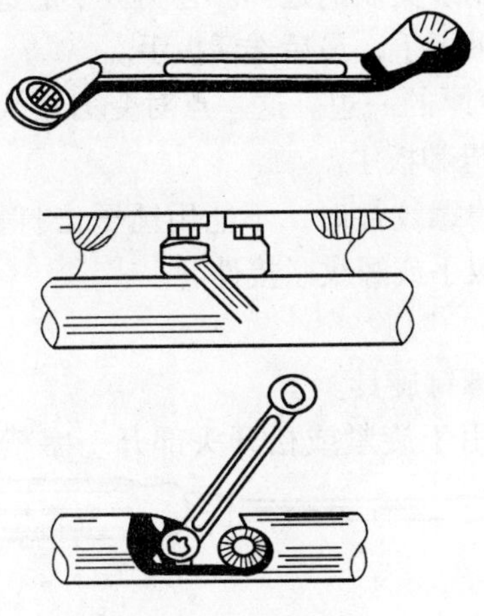

图 1-2　梅花扳手

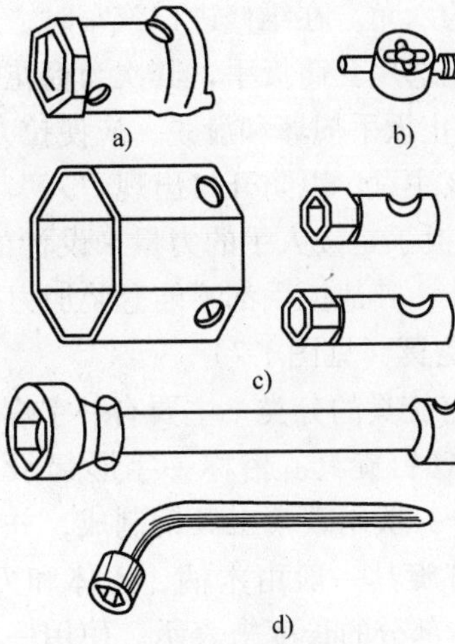

图 1-3　套筒扳手

（4）扭力扳手（见图 1-4）　它是一种可读出所施力矩大小的专用工具，由扭力杆和套筒头组成。其规格是以最大可测转矩来划分的，常用的有 294N · m 和 490N · m 两种。扭力扳手除用来控制螺纹件旋紧力矩外，还可以用来测量旋转件的起动转矩，以检查配合、装配情况。

（5）活扳手（见图 1-5）　活扳手的开口宽度可调节，能在一定范围内变动尺寸。其优点是遇到不规则的螺母或螺栓时更能发挥作用，故应用较广。使用活扳手时，扳手口要调节到与螺母对边贴紧。扳动时，应使扳手可动部分承受推力，固定部分承受拉力，且用力必须均匀。其规格是以最大开口宽度 S（mm）来表示的，常用的规格为 150mm、300mm 等。

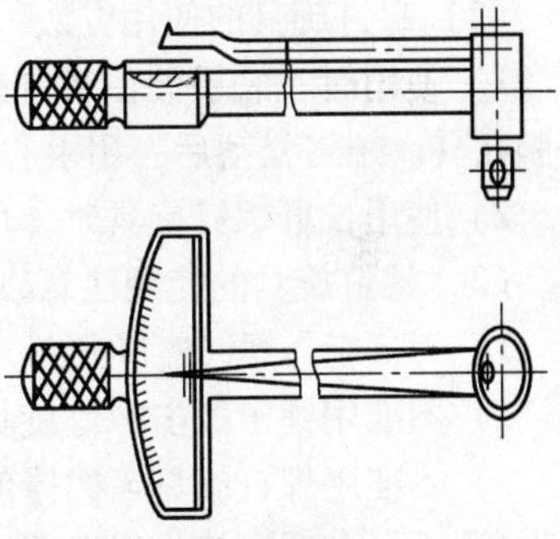

图 1-4　扭力扳手

（6）管子扳手　管子扳手主要用于扳转金属管子或其他圆柱工件。管子扳手口上有牙，工作时会将工件表面咬毛，应避免用来拆装螺栓、螺母。

（7）火花塞套筒扳手（见图 1-6）　火花塞套筒扳手是一种薄壁长套筒、用手拆除火花塞的专用工具。使用前，应根据火花塞六角对边的尺寸，选用内六角对边尺寸与其相同的火花塞套筒。拆卸时，套筒应对正火花塞六角头，套接要妥当、不可歪斜，应逐渐加大扭力，以防滑脱。

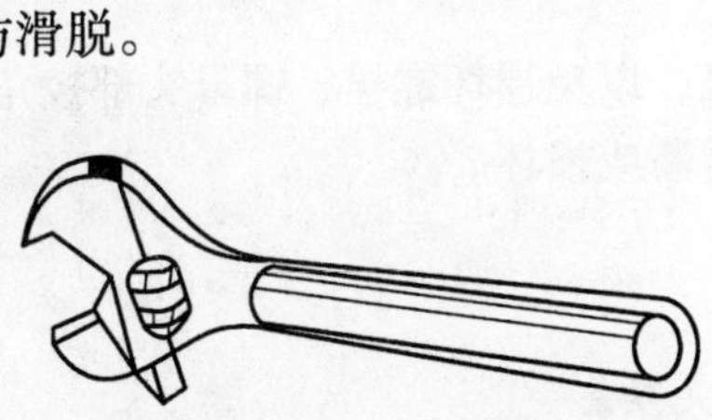

图 1-5　活扳手

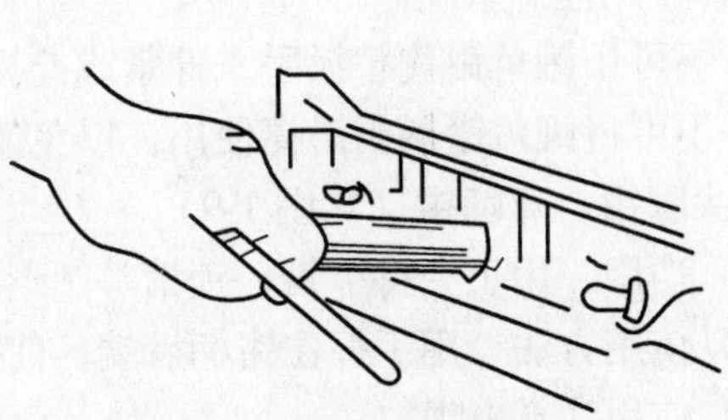

图 1-6　火花塞套筒扳手

注意事项：

1）所选用扳手的开口尺寸必须与螺栓或螺母的尺寸相符合。若扳手开口过大，易滑脱并损伤螺件的六角。在维修进口汽车时，应注意扳手米制、英制的选择。各类扳手的选用原则：一般优先选用套筒扳手，其次为梅花扳手，再次为呆扳手，最后选活扳手。

2）为防止扳手损坏和滑脱，应使拉力作用在开口较厚的一边。这一点对受力较大的活扳手尤其应该注意，以防开口出现“八”字形，损坏螺母和扳手。

3）普通扳手是按人手的力量来设计的，遇到较紧的螺纹件时，不能用锤子击打扳手。除套筒扳手外，其他扳手都不能套装加力杆，以防损坏扳手或螺纹联接件。

2. 螺钉旋具（见图 1-7）

（1）螺钉旋具的分类　主要有一字螺钉旋具和十字螺钉旋具。

1）一字螺钉旋具。俗称一字形起子、平口改锥，用于旋紧或松开头部开一字槽的螺钉，工作部分一般用碳素工具钢制成，并经淬火处理。一字螺钉旋具一般由木柄、刀体和刀口组成，其规格以刀体部分的长度来表示。使用一字螺钉旋具时，应根据螺钉沟槽的宽度进行选用。

2）十字槽螺钉旋具。俗称十字形起子、十字改锥，用于旋紧或松开头部带十字沟槽的螺钉，其材料和规格与一字形螺钉旋具相同。

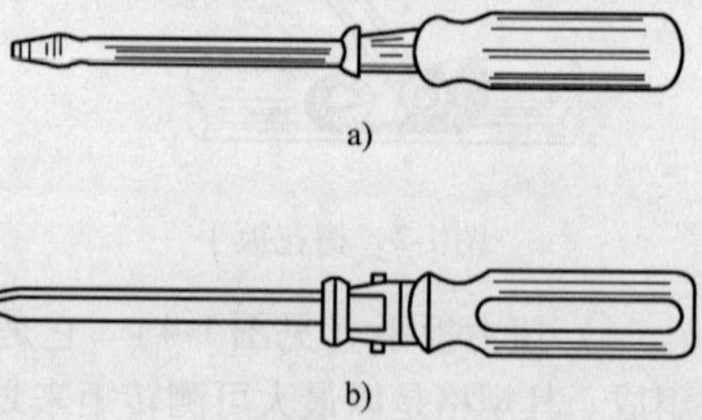

图 1-7　螺钉旋具

（2）螺钉旋具的使用方法

1）使用时，右手握住螺钉旋具，手心抵住柄端，螺钉旋具应与螺钉同轴心，压紧后用手腕扭转。螺钉松动后，用手心轻压螺钉旋具，用拇指、中指、食指快速扭转。

2）使用长杆螺钉旋具时，可用左手协助压紧和拧动手柄。

（3）螺钉旋具的使用注意事项

1）刀口应与螺钉槽口大小、宽窄、长短相适应，刀口不得残缺，以免损坏槽口和刀口。

2）不准用锤子敲击螺钉旋具柄将其当錾子使用。

3）不准用螺钉旋具当撬棒使用。

4）不可在螺钉旋具刀口端用扳手或钳子增加扭力，以免损伤螺钉旋具杆。

3. 鲤鱼钳（见图 1-8）

（1）功用　用于弯曲小金属材料；夹持扁形或圆形小工件，切断金属丝。

（2）使用方法　用手握住钳柄后端，使钳口开闭、夹紧。

（3）特点　钳口宽度有两挡调节位置，如图 1-8 所示。

（4）使用注意事项

1）不可用鲤鱼钳代替扳手来拧紧或拧松螺栓、螺母，以免损坏螺栓、螺母头部棱角。

2）不可将鲤鱼钳柄当撬棒使用，以免使之弯曲、折断或损坏。

4. 尖嘴钳、弯嘴钳（见图 1-9）

（1）功用　用于夹持卡簧、锁销等圆形或圆柱形小件。

（2）使用方法　用手握住钳柄后端，使钳口开闭、夹紧。

（3）使用注意事项

1）不可用力太大，否则钳口头部会变形、销轴会松动。

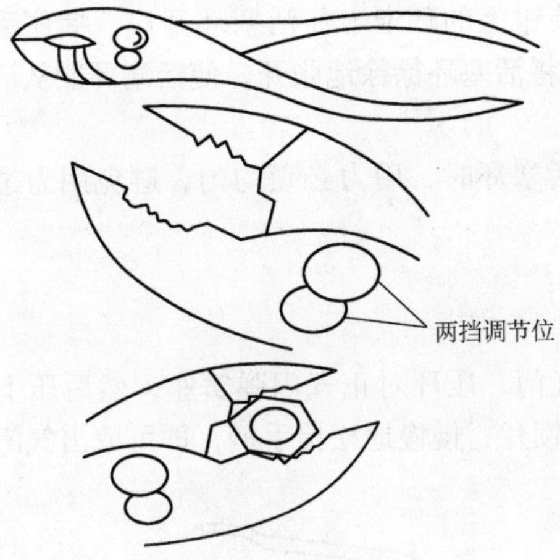

图 1-8　鲤鱼钳

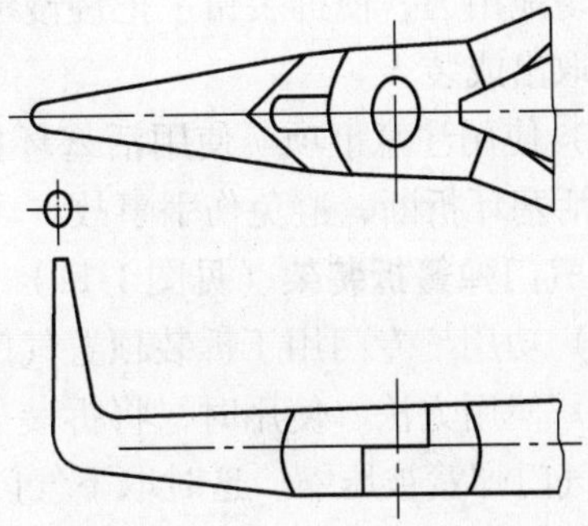

图 1-9　尖嘴钳、弯嘴钳

2）不可将尖嘴钳、弯嘴钳柄当撬棒使用，以免使之弯曲、折断或损坏。

3）不可用尖嘴钳、弯嘴钳代替扳手来拧紧或拧松螺栓、螺母，以免损坏螺栓、螺母头部棱角。

5. 锤子

（1）功用　用于敲击工件，使工件变形、位移、振动，并可用于工件的校正、整形。

（2）使用方法

1）敲击时，右手握住锤柄后端约 10cm 处，握力适度，眼睛注视工件。

2）挥锤方法有手挥、肘挥和臂挥三种。

（3）使用注意事项

1）手柄应安装牢固，用楔塞牢，以防锤头飞出伤人。

2）锤头应平整地击打在工件上，不得歪斜，以防破坏工件表面形状。

3）拆卸零部件时，禁止直接锤击重要表面或易损部位，以防出现表面破坏或损伤。

6. 铜棒

（1）功用　用于敲击不允许直接锤击的工件表面。注意：不得用力太大。

（2）使用方法　一般和锤子一起使用，一手握住铜棒，将其一端置于工件表面，一手用锤子锤击铜棒另一端。

（3）使用注意事项　不可代替锤子或当撬棍使用。

7. 撬棍

（1）功用　用于撬动旋转件或撬开结合面，也可用于工件的整形。

（2）使用方法　将其稳定地支撑于某一位置，施加力使之旋转或撬起。

（3）使用注意事项

1）不可代替铜棒使用。

2）不可用于软材质结合面。

8. 活塞环拆装钳（见图 1-10）

（1）功用　活塞环拆装钳是一种专门用于拆装活塞环的工具。维修发动机时，必须使用活塞拆装钳拆装活塞环。

（2）使用方法　使用活塞环拆装钳时，将拆装钳上的环卡卡住活塞环开口，握住手把稍稍均匀地用力，使拆装钳手把慢慢地收缩，环卡将活塞环徐徐地张开，使活塞环能从活塞环槽中取出或装入。

（3）使用注意事项　使用活塞环拆装钳拆装活塞环时，用力必须均匀，避免用力过猛而导致活塞环折断，避免伤手事故。

9. 气门弹簧拆装架（见图 1-11）

（1）功用　专门用于拆装顶置气门弹簧。

（2）使用方法　使用时，将拆装架托架抵住气门，压环对正气门弹簧座，然后压下手柄，使气门弹簧被压缩。这时取下气门弹簧锁销或锁片，慢慢地松抬手柄，即可取出气门弹簧座、气门弹簧和气门等。

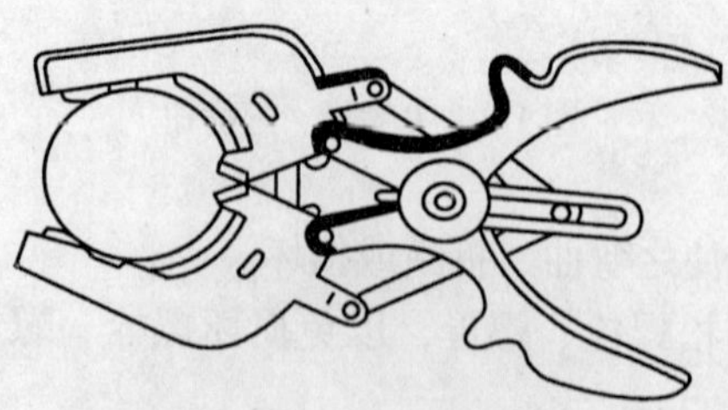

图 1-10　活塞环拆装钳

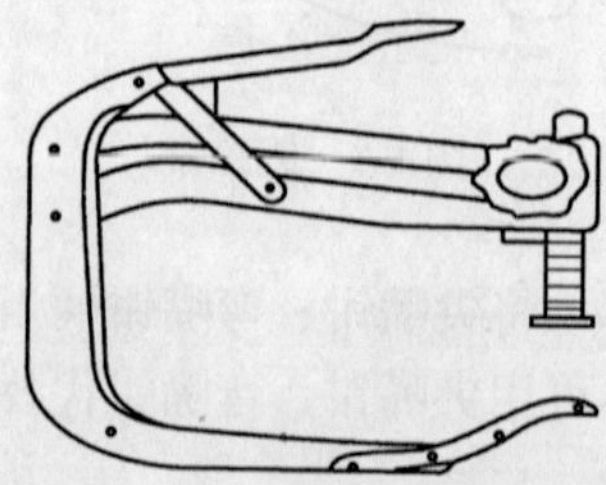

图 1-11　气门弹簧拆装架

10. 千斤顶（见图 1-12）

（1）功用和种类　千斤顶是一种最常用、最简单的起重工具。按照其工作原理的不同可分为机械式和液压式；按照所能顶起的质量可分为 3000kg、5000kg、9000kg 等多种不同规格。目前广泛使用的千斤顶是液压式千斤顶。

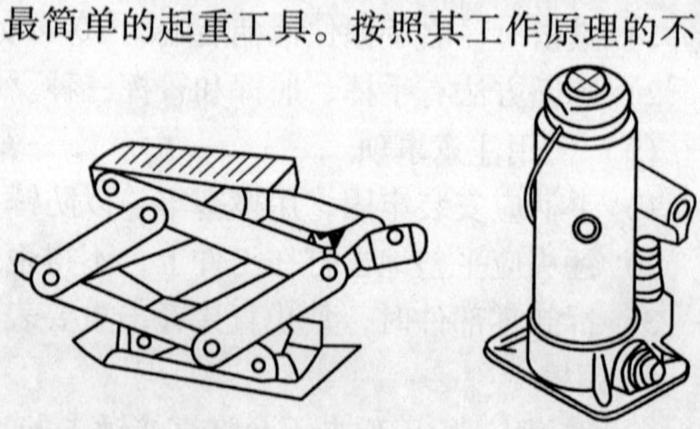

a)　b)

图 1-12　千斤顶

（2）使用方法　以液压式千斤顶为例介绍其使用方法：

1）起顶汽车前，应把千斤顶顶面擦拭干净，拧紧液压开关，把千斤顶放置在被顶部位的下部，并使千斤顶与被顶部位相互垂直，以防千斤顶滑出而造成事故。

2）旋转顶面螺杆，改变千斤顶顶面与被顶部位的原始距离，使起顶高度符合汽车需要的顶置高度。

3）用三角形垫木将汽车着地车轮前、后塞住，防止汽车在起顶过程中发生滑溜事故。

4）用手上下压动千斤顶手柄，使被顶汽车逐渐升到一定高度，然后在车架下放入搁车凳。禁止用砖头等易碎物支垫汽车。落车时，应先检查车下是否有障碍物，并确保操作人员的安全。

5）徐徐拧松液压开关，使汽车缓缓平稳地下降，架稳在搁车凳上。

（3）使用注意事项

1）在汽车起顶或下降过程中，禁止在汽车下面进行作业。

2）应徐徐拧松液压开关，使汽车缓慢下降，汽车下降的速度不能过快，否则易发生事故。

3）在松软路面上使用千斤顶起顶汽车时，应在千斤顶底座下加垫一块有较大面积且能承受压力的材料（如木板等），以防止千斤顶由于汽车重压而下沉。千斤顶与汽车接触位置应正确、牢固。

4）千斤顶把汽车顶起后，当液压开关处于拧紧状态时，若发生自动下降现象，则应立即查找原因，及时排除故障后才可继续使用。

5）发现千斤顶缺油时，应及时补充规定油液，不能用其他油液或水代替。

6）千斤顶不能用火烘热，以防皮碗、皮圈损坏。

7）千斤顶必须垂直放置，以免因油液渗漏而失效。

11. 汽车举升器

（1）功用和种类　为了改善劳动条件，增大作业空间范围，在汽车维修中日益广泛地使用了汽车举升器。汽车举升器按立柱数的不同可分为单立柱式、双立柱式和四立柱式；按结构特点的不同可分为电动机械举升器和电动液压举升器。

（2）使用注意事项

1）车辆的总质量不能大于举升器的起升能力。

2）根据车型和停车位置的不同，尽量使汽车的重心与举升器的重心相接近；为了能打开车门，汽车与立柱间应留有一定的距离。

3）应转动、伸缩、调整举升臂至汽车底盘指定位置并接触牢靠。

4）汽车举高前，操作人员应检查汽车周围人员的动向，防止发生意外。

5）汽车举升时，严防偏重。要在汽车离开地面较低位置进行反复升降，无异常现象时才可举升至所需高度。

6）汽车举升后，应落槽于棘牙上，并立即进行锁紧。

四、评分标准

<table>
<tr><th>序号</th><th>考核项目</th><th>配分</th><th>考核内容</th><th>评分标准</th><th>扣分</th><th>得分</th><th>考核记录</th></tr>
<tr><td rowspan="3">1</td><td rowspan="3">工作态度</td><td rowspan="3">10</td><td>迟到、早退、旷工</td><td>迟到、早退每次扣5分，旷课一节扣10分</td><td></td><td rowspan="3"></td><td rowspan="3"></td></tr>
<tr><td>嬉戏打闹</td><td>酌情扣分</td><td></td></tr>
<tr><td>认真、严谨、团结、协作</td><td>酌情给分</td><td></td></tr>
<tr><td rowspan="2">2</td><td rowspan="2">安全文明操作</td><td rowspan="2">10</td><td>遵守安全操作规程，正确使用工具、量具，保持操作现场整洁</td><td>酌情给分</td><td></td><td rowspan="2"></td><td rowspan="2"></td></tr>
<tr><td>安全用电、火，无人身、设备事故</td><td>若因违规操作发生重大人身和设备事故，按0分计</td><td></td></tr>
<tr><td rowspan="2">3</td><td rowspan="2">考核过程</td><td>10</td><td>扳手的种类（口述）</td><td>根据叙述内容是否正确酌情给分</td><td></td><td rowspan="2"></td><td rowspan="2"></td></tr>
<tr><td>10</td><td>千斤顶的规格（口述）</td><td>根据叙述内容是否正确酌情给分</td><td></td></tr>
</table>

（续）

序号	考核项目	配分	考核内容	评分标准	扣分	得分	考核记录
3	考核过程	20	螺钉旋具的使用方法和使用注意事项	根据操作内容是否正确酌情给分			
		15	活塞环拆装钳的使用方法	根据操作内容是否正确酌情给分			
		15	活塞环拆装钳的使用注意事项	根据操作内容是否正确酌情给分			
4	考核结果	10	任务完成时间	酌情给分			
			任务完成质量	酌情给分			
5	分数	100					

五、实训报告

实训项目：________________

姓名：________ 学号：________	班级：________ 日期：________

一、工具和材料

答：

二、实训练习

1. 火花塞套筒扳手的使用方法是怎样的，注意事项有哪些？

答：

2. 气门弹簧拆装架的使用方法是怎样的？

答：

3. 千斤顶的使用注意事项有哪些？

答：

三、指导教师评语

实训任务二　常用的汽车拆装量具

一、实训目标

1. 知识目标

1）熟悉汽车维修中常用量具的名称、规格和工作原理。

2）掌握汽车维修过程中量具的正确使用方法和读数方法。

2. 技能目标

了解汽车维修中常用量具的维护和存放方法。

二、实训设备、仪器和工具

各种规格型号的游标卡尺、卡钳、百分表、内径百分表、弹簧秤、塞尺、千分尺、金属直尺各5套（规格尽量齐全）。

三、相关知识

1. 金属直尺

金属直尺是一种最简单的长度量具，它有150mm、300mm、500mm和1000mm 4种规格，外形如图2-1所示，一般分度值为1mm，标度单位为cm，读数时可以准确读到mm位，mm位以下的数值是估计值。

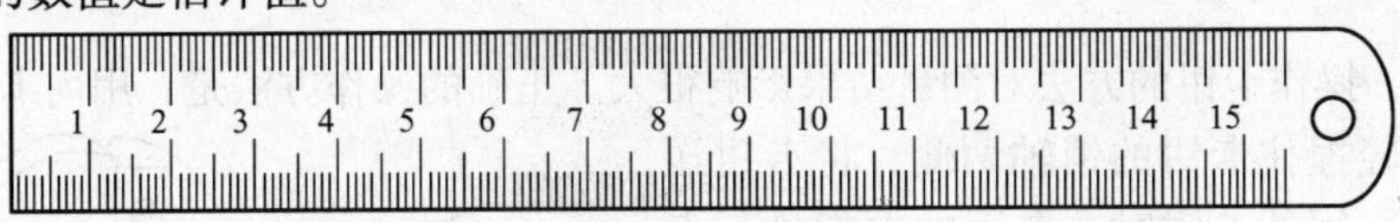

图2-1　150mm金属直尺

金属直尺可用于测量零件的长度，螺距，宽度，内、外孔直径，深度以及零件加工制造的划线等。如果用金属直尺直接去测量零件的直径尺寸（轴径或孔径），则测量精度较低。其原因是：除了金属直尺本身的读数误差比较大以外，金属直尺无法准确地放在零件直径的正确位置。所以，零件直径尺寸的测量最好利用金属直尺和内、外卡钳配合起来进行。

使用金属直尺的注意事项：

1）尽量使待测物贴近金属直尺的刻度线；读数时，视线要垂直于金属直尺，如图2-2所示。

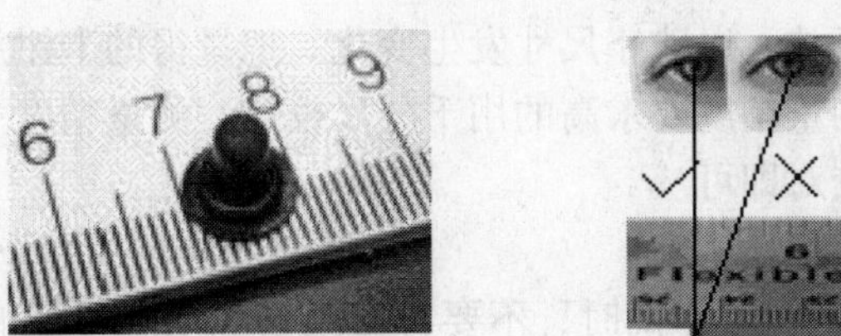

图2-2　金属直尺的读数方法

2）一般不要用金属直尺的端点作为测量的起点，因为端边易受磨损而给测量带来误差。

3）金属直尺的刻度可能不够均匀，在测量时要选取不同起点进行多次测量，然后取平均值。

2. 卡钳

卡钳是间接读数的量具，按用途的不同分为内卡钳和外卡钳两种；按结构的不同分为紧轴式卡钳和弹簧式卡钳两种。图 2-3 所示为常见的两种内、外卡钳。内卡钳是用来测量内径和凹槽的，外卡钳是用来测量外径和平行面的。它们本身都不能直接读出测量结果，而是把测量得的长度尺寸（直径也属于长度尺寸）在金属直尺上进行读数，如图 2-4 所示；或在金属直尺上先取下所需尺寸，再去检验零件的尺寸是否符合。

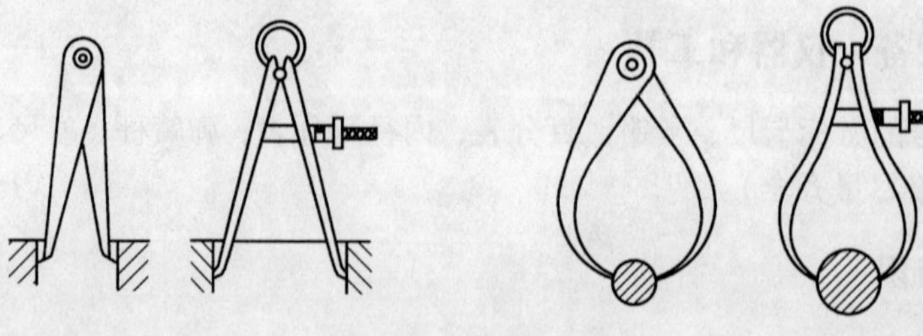

a) b)

图 2-3 常用卡钳类型

a）内卡钳 b）外卡钳

测量时，操作卡钳的方法对测量结果影响很大。正确的操作方法是：用内卡钳时，用拇指和食指轻轻捏住卡钳的销轴两侧，将卡钳送入孔或槽内；用外卡钳时，右手的中指挑起卡钳，用拇指和食指撑住卡钳的销轴两边，使卡钳在自身的重量下两量爪滑过被测表面。卡钳与被测表面的接触情况凭手的感觉，手有轻微感觉即可，不宜过松，也不要用力使劲卡卡钳。

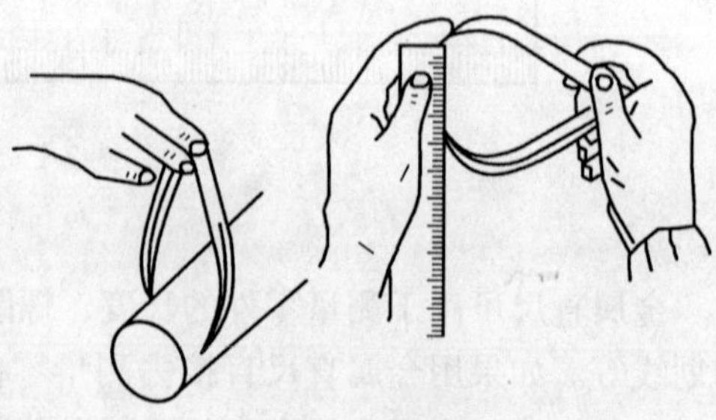

图 2-4 卡钳的使用

使用大卡钳时，要用两只手操作，右手握住卡钳的销轴，左手扶住一只量爪进行测量。测量轴类零件的外径时，应使卡钳的两只量爪垂直于轴心线，即在被测件的径向平面内测量。测量孔径时，应使一只量爪与孔壁的一边接触，另一量爪在径向平面内左右摆动找最大值。

校好尺寸的卡钳应轻拿轻放，以防止尺寸发生变化。把量得的卡钳放在金属直尺、游标卡尺或千分尺上量取尺寸。测量精度要求高的用千分尺校对，测量精度一般的用游标卡尺校对，测量毛坯等用金属直尺校对即可。

使用卡钳时的注意事项：

1）改变卡钳两脚尖之间的微小距离时，不要直接用手拉动。可把卡钳的某一脚在较硬的物体上轻轻敲动即可（增大间距，敲内侧；减小间距，敲外侧）。

2）从圆筒上取下卡钳时，必须小心操作，不能用力和振动，以防两脚尖之间的距离发生改变而增大测量误差。

3. 塞尺

塞尺俗称厚薄规，主要用来检验活塞与气缸、活塞环槽和活塞环、气门间隙、齿轮啮合间隙等两个结合面之间间隙的大小。塞尺是由许多层厚薄不一的薄钢片组成的，如图2-5所示。每把塞尺中的每片都具有两个平行的测量平面，且都有厚度标记，以供组合使用。

测量时，根据结合面间隙的大小，用一片或数片重叠在一起塞进间隙内。例如，用0.04mm的一片能插入间隙，而0.05mm的一片不能插入间隙，这说明间隙在0.04和0.05mm之间，所以塞尺也是一种界限量规。

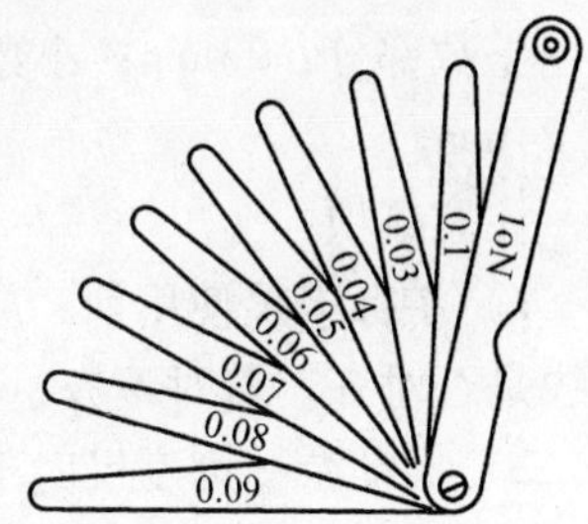

图2-5　塞尺

注意事项：

1）根据结合面的间隙情况选用塞尺片数，但片数越少越好。

2）测量时不能用力太大，以免塞尺弯曲或折断。

3）不能测量温度较高的工件。

4. 游标卡尺

游标卡尺可以测量内外尺寸、深度、孔距、环行壁厚和沟槽，其精度有0.10mm、0.05mm和0.02mm三种，测量范围有0～125mm、0～150mm、0～200mm、0～300mm等。其结构如图2-6所示。

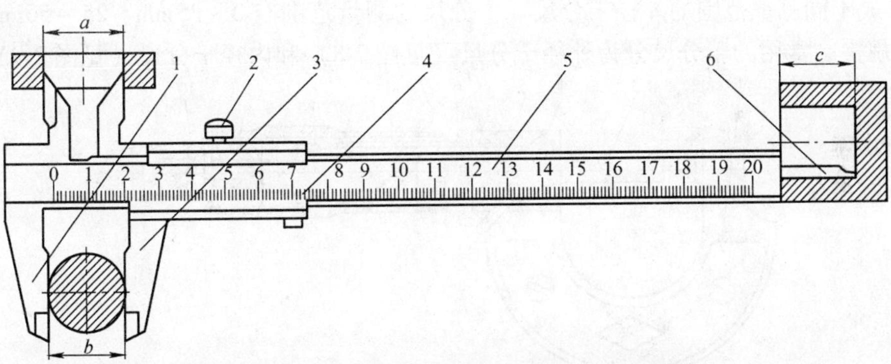

图2-6　游标卡尺

a—测量内表面尺寸　b—测量外表面尺寸　c—测量深度尺寸

1—尺框　2—固定螺钉　3—内、外量爪　4—游标　5—尺身　6—深度尺

游标卡尺的读数方法：

1）先读整数——看游标零线的左边，主尺上与游标零线最近的一条刻线的数值即为被测尺寸的整数部分。

2）再读小数——看游标零线的右边，游标第n条刻线与主尺刻线对齐，则被测尺寸的小数部分为$n \times i$（简单判断游标卡尺分度值的方法：先确定游标上的格数n，分度值等于游标格数的倒数，即$i = 1/n$）。

3）得出被测尺寸——整数部分加上小数部分。

例：读出图2-7所示游标卡尺的读数。

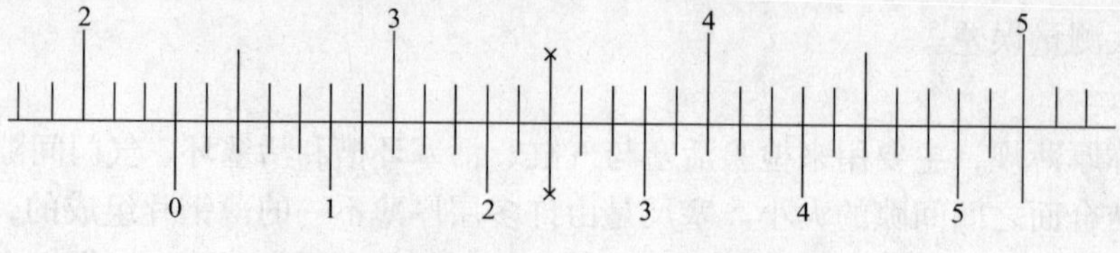

图 2-7 游标卡尺（0. 02mm）的读数

整数部分：23mm；小数部分：12 ×0. 02mm ＝0. 24mm；被测尺寸：23mm ＋0. 24mm ＝ 23. 24mm。

注意事项：

1）游标卡尺使用前，应该先将游标卡尺的卡口合拢，检查游标尺的零线和主刻度尺的零线是否对齐。若对不齐，说明卡口有零误差，应调零。

2）推动游标刻度尺时不要用力过猛，卡住被测物体时松紧应适当，更不能卡住物体后再移动物体，以防卡口受损。

3）游标卡尺用完后，两卡口要留有间隙，绝不可将副尺固定螺钉锁定；然后，将游标卡尺放入包装盒内，不能随便放在桌上，更不能放在潮湿的地方。

5. 千分尺

千分尺又称为螺旋测微器，是一种比游标卡尺更精密的量具，其测量精度为 0. 01mm。千分尺的测微螺杆的移动量为 25mm，所以外径千分尺的测量范围一般为 25mm。为了使外径千分尺能测量更大范围的长度尺寸，以满足工业生产的需要，外径千分尺的尺架做成各种尺寸，形成不同测量范围的外径千分尺。千分尺的测量范围有 0 ~25mm、25 ~50mm、50 ~75mm 等规格。常用的千分尺分为外径千分尺（见图 2-8）和内径千分尺（见图 2-9）。

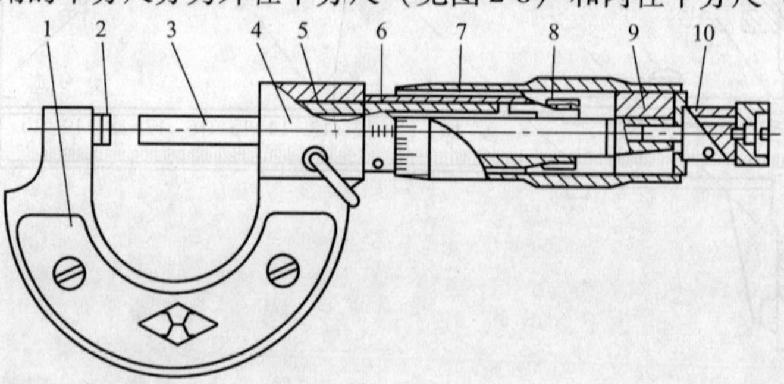

图 2-8 外径千分尺

1—尺架 2—砧座 3—测微螺杆 4—锁紧装置 5—螺纹轴套 6—固定套管 7—微分筒 8—螺母 9—接头 10—测力装置

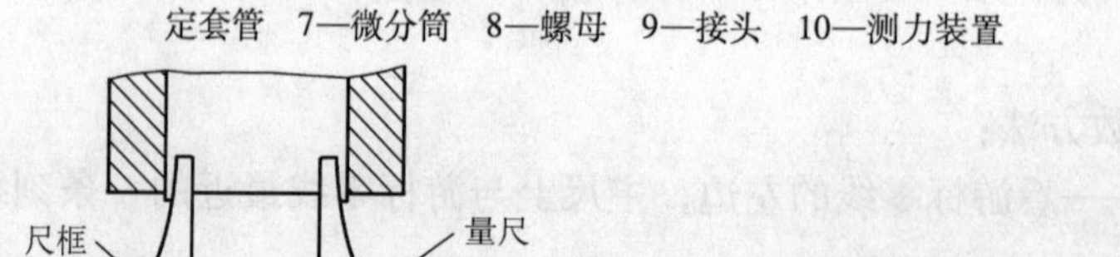

图 2-9 内径千分尺

千分尺主要由尺架、测量装置、测力装置和锁紧装置等组成。一般千分尺均附有调零的专用小扳手，测量下限不为零的千分尺还附有用于调整零位的标准棒。

外径千分尺的读数方法如图 2-10 所示。外径千分尺固定套管上有两组刻线，两组刻线之间的横线为基线，基线以下为毫米刻线，基线以上为半毫米刻线；活动套管上沿圆周方向有 50 条刻线，每一条刻线表示 0.01mm。

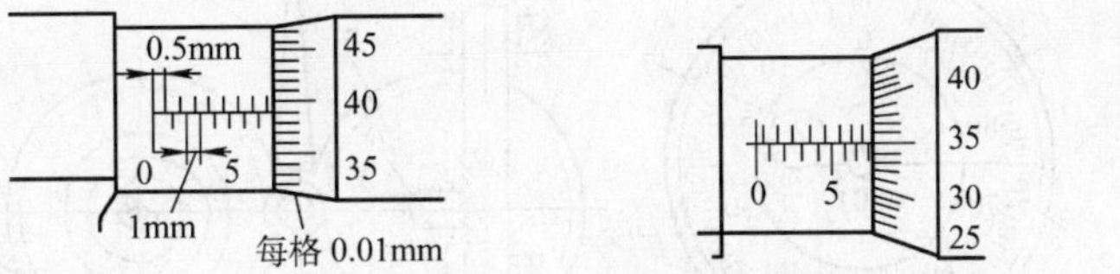

固定套管读数：7.5mm
微分筒读数：39 × 0.01mm=0.39mm
被测尺寸：7.5mm+0.39mm=7.89mm

固定套管读数：8.0mm
微分筒读数：35 × 0.01mm=0.35mm
被测尺寸：8.0mm+0.35mm=8.35mm

图 2-10 外径千分尺的读数方法

测量时，读数方法分 3 步：

1）先读出固定套管上露出刻线的整毫米数和半毫米数（0.5mm）（注意看清露出的是上方刻线还是下方刻线，以免相差 0.5mm）。

2）看准微分筒上哪一格与固定套管纵向刻线对准，将刻线的序号乘以 0.01mm 即为小数部分的数值。

3）上述两部分读数相加，即为被测工件的尺寸。

注意事项：

1）校对零点。将砧座与螺杆接触，看圆周刻度零线是否与纵向中线对齐、微分筒左侧棱边与尺身的零线是否重合；如有误差，应调整。

2）合理操作。手握尺架，转动微分筒，当测量螺杆快要接触工件时，必须使用端部棘轮，严禁再拧微分筒。当棘轮发出嗒嗒声时，应停止转动。

3）防止回程误差。由于螺钉和螺母不可能完全密合，螺旋转动方向改变时，它的接触状态也改变，导致两次读数不同，由此产生的误差称为回程误差。为防止回程误差，测量时应向同一方向转动，使十字线和目标对准；若移动十字线时超过了目标，就要多退回一些，再重新向同一方向转动。

6. 百分表

图 2-11 所示为百分表的结构。百分表常用来测量机器零件的各种几何形状偏差和表面相互位置偏差，也可测量工件的长度尺寸。其具有外廓尺寸小、重量轻和使用方便等特点。

百分表的工作原理是将测量杆的直线位移，经过齿条和齿轮传动转变为指针的角位移。百分表的刻度盘圆周刻成 100 等份，其分度值为 0.01mm，当大指针转动 1 周时，测杆的位移为 1mm；表盘和表圈是一体的，可任意转动，以便使指针对零位；小指针用以指示大指针的回转圈数。常见百分表的测量范围为 0 ~ 3mm、0 ~ 5mm 和 0 ~ 10mm 等。

在使用时，百分表一般要固定在表架上，如图 2-12 所示。用百分表进行测量时，必须首先调整表架，使测杆与零件表面保持垂直接触且有适当的预缩量，转动表盘使指针对正表盘上的“0”刻度线，然后按一定方向缓慢移动或转动工件，测杆则会随零件表面的移动自动伸缩。测杆伸长时，表针顺时针转动，读数为正值；测杆缩短时，表针逆时针转动，读数为负值。

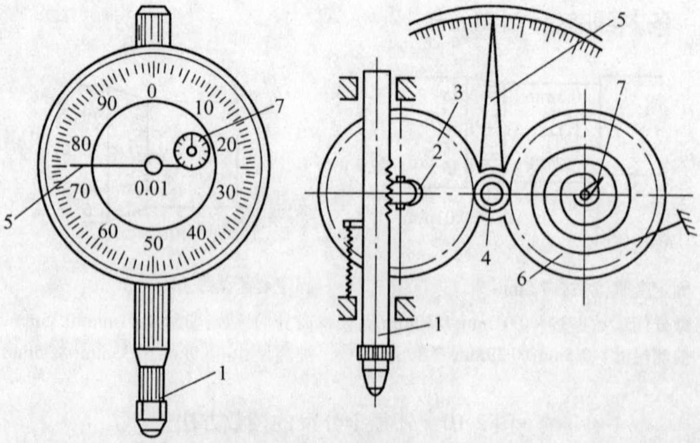

图 2-11 百分表的结构

1—测量杆 2、4—小齿轮 3、6—大齿轮 5—大指针 7—小指针

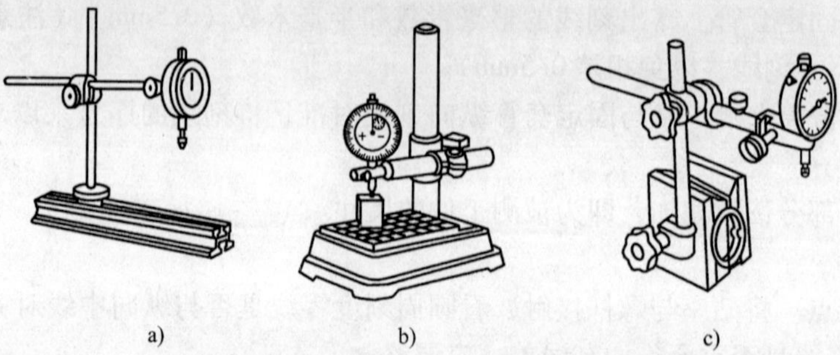

图 2-12 安装在专用夹持架上的百分表

a）普通表座 b）万能表座 c）磁力表座

注意事项：

1）使用前，应检查测量杆活动的灵活性。

2）要严格防止水、油和灰尘渗入表内，测量杆上也不要加油，免得粘有灰尘的油污进入表内，影响表的灵活性。

3）不使用时，应使测量杆处于自由状态，以免使表内的弹簧失效。内径百分表上的百分表不使用时，应拆下来保存。

7. 内径百分表

内径百分表是内量杠杆式测量架和百分表的组合，它用比较法来测量孔径及其几何形状偏差。内径百分表主要用来测量气缸的尺寸精度和形状精度，也可以用来测量轴孔。

内径百分表如图 2-13 所示。在三通管 3 的一端装着活动测头 1，另一端装着可换测头 2，在垂直管口的一端，通过连杆 4 装有百分表 5。活动测头 1 的移动使传动杠杆 7 回转，通过活动杆 6 推动百分表的测量杆，使百分表指针产生回转。由于杠杆 7 的两侧触点是等距离的，当活动测头移动1mm时，活动杆也移动1mm，推动百分表指针回转一圈。所以，活动测头的移动量可以在百分表上读出来。两触点量具在测量内径时，不容易找正孔的直径方向。定心护桥8和弹簧9就起了一个帮助找正直径位置的作用，使内径百分表的两个测量头正好在内孔直径的两端。活动测头的测量压力由活动杆6上的弹簧控制，并保证测量压力一致。为测量不同缸径，常备有不同的接杆及加长接杆。内径百分表的规格是按测量直径的范围来划分的，如18～35mm、35～50mm、50～160mm等，汽车维修作业中常用50～160mm规格的。

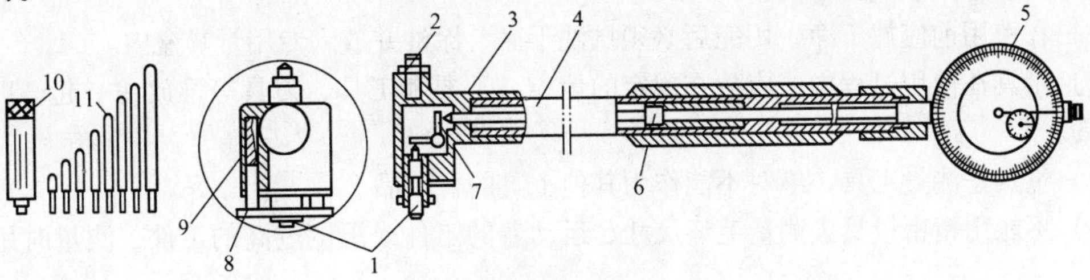

图2-13　内径百分表

1—活动测头　2—可换测头　3—三通管　4—连杆　5—百分表　6—活动杆　7—杠杆　8—定心护桥　9—弹簧　10—加长接杆　11—接杆

测量时，首先根据气缸（或轴承孔）直径选择长度尺寸合适的接杆，并将接杆固定在内径百分表下端的接杆座上；然后校正内径百分表，将外径千分尺调到被测气缸（或轴承孔）的标准尺寸，再将内径百分表校正到外径千分尺的尺寸，并使伸缩杆有2mm左右的压缩行程，旋转表盘使指针对准零位后即可进行测量，如图2-14所示。

注意：测量过程中，必须前后摆动内径百分表以确定读数最小时的直径位置，同时还应在一定角度内转动内径百分表以确定读数最大时的直径位置。

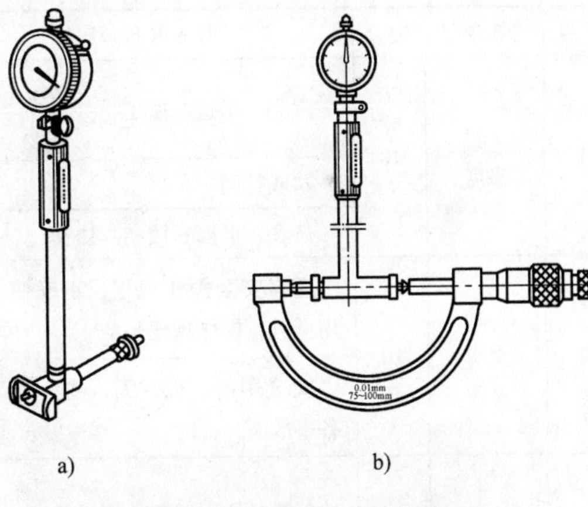

图2-14　内径百分表的使用

a）内径百分表　b）用外径千分尺调整尺寸

8. 弹簧秤

弹簧秤是利用弹簧的形变与外力成正比的关系制成的测量作用力大小的装置。

弹簧秤分为压力型和拉力型两种类型。压力弹簧秤的托盘承受的压力等于物体的重力，秤盘指针旋转的角度指示所受压力的数值。拉力弹簧秤的下端和一个钩子连在一起（这个钩子是与弹簧下端连在一起的），弹簧的上端固定在壳顶的环上。将被测物挂在拉力弹簧秤的钩上，弹簧即伸长，而固定在弹簧上的指针随着下降。由于在弹性限度内，弹簧的伸长与所受外力成正比，因此作用力的大小或物体重力可从弹簧秤的指针指示的外壳上的标度数值直接读出。

注意事项：

1）在使用时，应注意所测的重力或力不要超过弹簧秤的量度范围。

2）检查在弹簧秤未挂物体时指针是否指在零刻度，若不在零刻度应进行修正。

3）挂物体前，最好轻轻地来回拉动挂钩几次，防止弹簧指针卡在外壳上。

4）勿使弹簧和指针跟外壳摩擦，以免误差过大。

四、量具的维护和保养

量具是用来测量工件尺寸的工具，在使用过程中应加以精心的维护与保养，才能保证零件的测量精度，延长量具的使用寿命。

1）在使用前应擦干净，用完后必须拭洗干净、涂油并放入专用量具盒内。

2）量具在使用过程中，应放在规定的地方，不要和工具、刀具等堆放在一起，以免碰伤量具。

3）量具是测量工具，绝对不能作为其他工具的代用品。

4）不能用精密量具去测量毛坯尺寸、运动着的工件或温度过高的工件，测量时用力要适当。

5）量具如有问题，不能私自拆卸修理，应找实习指导教师处理。精密量具必须定期送计量部门鉴定。

五、评分标准

序号	考核项目	配分	考核内容	评分标准	扣分	得分	考核记录
1	工作态度	10	迟到、早退、旷工	迟到、早退每次扣5分，旷课一节扣10分			
			嬉戏打闹	酌情扣分			
			认真、严谨、团结、协作	酌情给分			
2	安全文明操作	10	遵守安全操作规程，正确使用量具，操作现场整洁	酌情给分			
			安全用电、火，无人身、设备事故	若因违规操作发生重大人身和设备事故，按0分计			
3	考核过程	10	对量具结构原理的熟练程度	根据叙述和操作内容是否正确酌情给分			
		15	量具的认知程度	根据叙述和操作内容是否正确酌情给分			
		15	正确选择量具类别、型号	根据叙述和操作内容是否正确酌情给分			
		30	量具的正确使用方法和读数方法	根据叙述和操作内容是否正确酌情给分			
4	考核结果	10	任务完成时间	酌情给分			
			任务完成质量	酌情给分			
5	分数	100					

六、实训报告

实训项目：________

姓名：________	班级：________
学号：________	日期：________

一、工具和材料

答：________

二、实训练习

1. 游标卡尺的功用是什么？应如何使用？

答：________

2. 外径千分尺有何用途？应如何使用？

答：________

3. 内径百分表有何用途？应如何使用？

答：________

三、指导教师评语

____

项目二　曲柄连杆机构的拆装及检测

实训任务三　机体组的拆装及检测

一、实训目标

1. 知识目标

1）通过对典型发动机机体组的拆装，掌握机体组各部件的名称、作用和发动机的解体方法和步骤。

2）通过对气缸体检验及缸体平面的修理，熟悉发动机气缸体的结构特点以及主要配合面的检查部位和测量方法。

2. 技能目标

1）能正确使用刀口尺、塞尺、内径量表等工具。

2）能熟练进行发动机外部附件的拆卸。

3）掌握机体组和气缸盖的拆卸方法。

4）掌握缸体平面修理工艺。

5）能准确测量气缸体的平面度和主轴承座孔的圆度。

二、实训设备、仪器和工具

1. 实训设备

典型车型的发动机 1 台，相关挂图或图册若干等。

2. 实训工具

发动机拆装常用工具及专用工具、套筒扳手、扭力扳手、刀口尺 1 把、塞尺 1 把、内径量表 1 套。

三、相关知识

机体组主要由气缸体、曲轴箱、油底壳、气缸套、气缸盖、气缸垫和发动机支承等组成。

1. 气缸体

气缸体是组装发动机各机构和系统的基础件，并由它来保持发动机各运动件相互之间的准确位置关系。气缸体一般由铸铁材料组成，也有的用铝合金制成。气缸体具体结构形式分为一般式气缸体、龙门式气缸体和隧道式气缸体三种。

2. 气缸套

气缸套分为干式和湿式两种。

干式缸套不直接与冷却液接触，壁厚一般为 1 ~ 3mm。

湿式缸套与冷却液直接接触，壁厚一般为 5～9mm。

3. 气缸盖

气缸盖密封气缸，并与活塞顶、气缸内壁上部共同形成燃烧室。水冷式气缸盖有整体式、分体式和单体式三种结构形式。

汽油机燃烧室由活塞顶部及缸盖上相应的凹部空间组成。

对燃烧室的基本要求：一是结构要尽可能紧凑，冷却面积要小，以减小热量损失及缩短火焰行程；二是使混合气在压缩终了时具有一定的涡流运动，以提高混合气的燃烧速度，保证混合气及时、充分燃烧。

汽油机常见的燃烧室形状有楔形、盆形和半球形三种类型。

4. 气缸垫

安装气缸垫时，应使带卷边的一面朝向易修整的或较硬的平面(不易产生压痕)。

1）气缸盖和气缸体材料同为铸铁时，卷边应朝向气缸盖（易修整）。

2）气缸盖材料为铝合金、气缸体材料为铸铁时，卷边应朝向气缸体（硬面）。

3）气缸盖、气缸体材料同为铝合金时，卷边应朝向湿式缸套的凸沿（硬面）。

5. 油底壳

油底壳的主要功能是储存润滑油并封闭曲轴箱。油底壳一般受力很小，多采用薄钢板冲压而成。

四、实训操作

（一）机体组的分解

1. V 带及同步带的拆卸（见图 3-1）

1）旋松发动机撑紧臂的固定螺栓，拆卸水泵、发动机的传动带。

2）拆卸水泵带轮、曲轴带轮，拆卸同步带上防护罩。注意观察正时标记。

3）旋松同步带张紧轮紧固螺母，转动张紧轮的偏心轴，使同步带松弛，取下同步带。

4）拆下曲轴同步带轮、中间轴同步带轮，拆下同步带后防护罩。

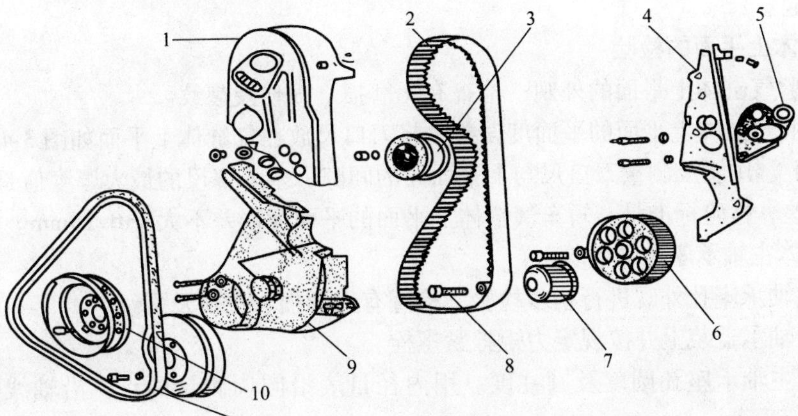

图 3-1　发动机前端零部件

1—同步带上护罩　2—同步带　3—同步带张紧轮　4—同步带护罩　5—塞盖　6—中间轴同步带轮　7—主轴同步带轮　8—主轴同步带轮紧固螺栓　9—同步带下护罩　10—主轴带轮　11—V 带

2. 发动机外部附件的拆卸

1）拆卸水泵上尚未拆卸的连接管。

2）拆卸水泵、发电机、起动机、分电器、汽油泵、机油滤清器、进气歧管、排气歧管、火花塞等。

3. 发动机机体解体

1）放出油底壳内的润滑油，拆下油底壳，更换润滑油密封衬垫。

2）拆卸机油泵、机油滤清器。

3）拆卸气门室罩，更换气门室罩密封垫（见图3-2）。

4）拆下气缸盖。其螺栓应从两端向中间分次、交叉拧松，拆卸顺序如图3-3所示。

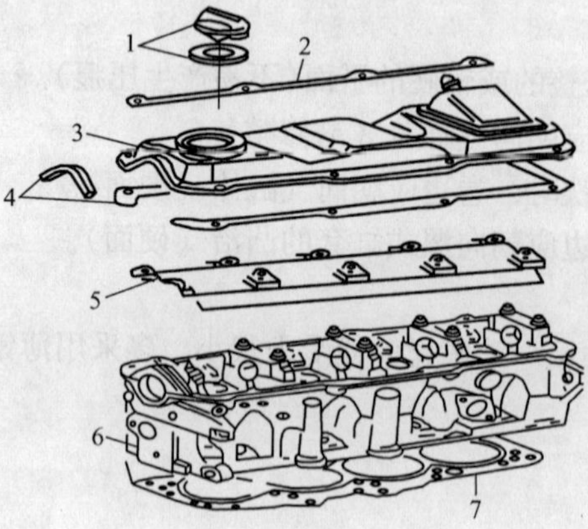

图3-2 发动机缸盖分解图

1—加油盖 2—压条 3—气缸盖罩 4—气门罩垫 5—润滑油反射罩 6—气缸盖 7—气缸垫

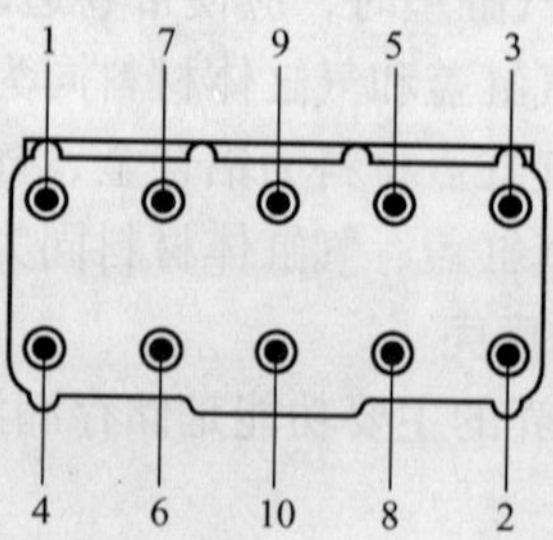

图3-3 气缸盖螺栓拆卸顺序

（二）气缸体检验及缸体平面修理

检验前，应彻底清理气缸体上、下平面及内、外部的油污、积炭和水垢。使用刮刀将气缸体接触表面上所有衬垫材料清除掉（注意不要刮伤表面），消除毛刺并铲平或刮平螺孔周围的轻微凸起。

1. 气缸体上平面的检验

（1）检验气缸体上平面的外观　检查有无磨损、损伤及裂纹。

（2）检测气缸体上平面的平面度误差　将刀口尺放在气缸体上平面如图3-4中直线所示的6个位置上，用塞尺测量刀口尺与上平面间的间隙。塞入塞尺的最大厚度值是变形量，即为平面度误差。检验标准是：轿车气缸体上平面的平面度误差不大于0.15mm。

2. 气缸体主轴承座孔的检验

1）对主轴承座孔外观进行初步检验，检查有无磨损、拉伤及裂纹。

2）将主轴承盖装上并按规定力矩拧紧螺栓。

3）检测主轴承座孔圆度及圆柱度。用内径量表沿圆周测量两点，沿轴线方向测量两处，如图3-5所示。

4）计算主轴承座孔圆度及圆柱度，计算公式为：

圆度 = $(D_{max} - D_{min})/2$，D_{max}、D_{min}分别为同一横截面内最大、最小测量直径；

圆柱度 = $(D_{max} - D_{min})/2$，D_{max}、D_{min}分别为全部测量值中的最大、最小直径。

检验标准（以轿车为例）为主轴承座孔的圆度及圆柱度：对于铸铁气缸体不大于0.01mm，对于铝合金气缸体不大于0.015mm。

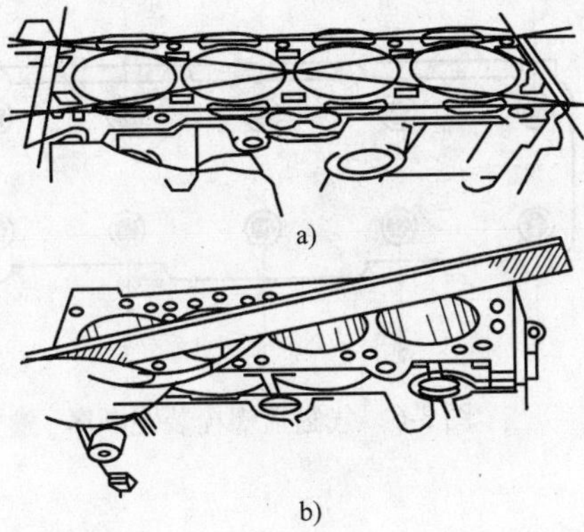

图3-4　气缸体上平面平面度检测

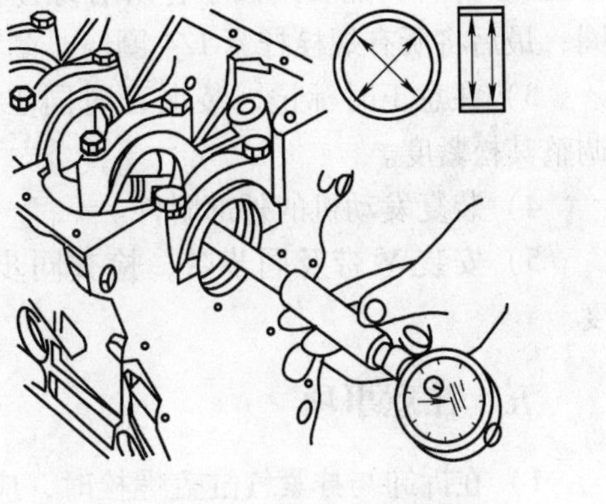

图3-5　气缸体主轴承座孔检测

5）检测主轴承座孔的同轴度。可用标准心轴进行检测，心轴的直径应比主轴承座孔径的最小尺寸小。检验时，将所有的轴承瓦片卸去，将心轴放入，然后从中间开始逐个将主轴承盖装上，按规定力矩拧紧主轴承盖螺栓，一边拧紧螺栓，一边转动心轴，找出各主轴承孔的同轴度误差。如果拧紧主轴承盖螺栓后心轴不能转动，则此孔同轴度误差超过检验标准。在实际修理中，可用配套的标准曲轴代替心轴，但应按规定装配主轴承盖。

3. 气缸体螺纹的检验

1）对螺纹外观进行初步检验，检查有无拉伤、滑行脱牙。螺纹的拉伤不应多于2个牙。

2）检查螺孔孔口，其周围应无明显凸起。对于主要部位的螺纹，将标准螺栓用手拧入2/3以上深度时，应无明显的松旷感。

4. 缸体平面修理

1）对于气缸体上、下平面翘曲变形量较大的情况，采用铣削或磨削的方法来修整。

①选择定位基准。为保证气缸轴线与主轴承座孔的垂直度，应选择气缸体主轴承座孔中心线为基准；如果气缸体底平面变形小，也可作为定位基准。此时，应对气缸下平面进行检验和修整。

②将气缸体垂直地放在铣床或磨床平台的两块垫铁上，两块垫铁分别支承在第一道和最后一道轴承盖的结合面上，使其贴合好并装卡牢固。

③进行平面的铣削或磨削。总磨削量不宜过大，0.24～0.50mm为宜，否则将使气缸压缩比的变化过大。

2）对于气缸体上、下平面变形量不大的情况，可采用下述两种方法来修整：

①用铲削的方法进行修平。用铲刀修刮气缸体平面的凸出部分，应一边检查一边铲刮，直至平面度达到技术要求为止。

②用研磨的方法进行修平。在气缸体平面上涂些研磨膏，把气缸盖放在气缸体上扣合研磨修复，直至平面度达到技术要求为止。

（三）机体组的装配

装配时，按照拆卸相反的顺序进行，各部件应按规定力矩拧紧。注意转动凸轮轴时，曲轴不得位于上止点，以免损坏气门或活塞顶部。

1）安装油底壳，安装机油滤清器、机油泵。

2）安装气缸盖，其螺栓应从中间向两端拧紧，顺序如图 3-6 所示。一般应预紧所有螺栓至 40N · m，然后用扳手将所有螺栓再拧紧 1/4 圈，最后将所有螺栓拧紧 1/4 圈。

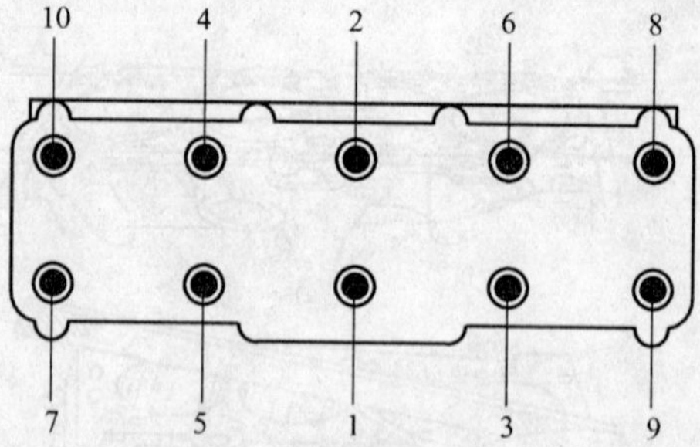

图 3-6 气缸盖螺栓装配顺序

3）注意正时标记，装上正时同步带，检查、调整其松紧度。

4）装复发动机的外部附件。

5）安装 V 带及同步带，检查同步带的张紧度。

五、注意事项

1）在拆卸与拧紧气缸盖螺栓时，应按照规定进行。

2）拆卸正时同步带后，不得随意转动凸轮轴。

3）观察气缸垫的安装方向（OPEN 、TOP 向上）。

4）观察装配标记并做好装配记号。

六、评分标准

序号	考核项目	配分	考核内容	评分标准	扣分	得分	考核记录
1	工作态度	10	迟到、早退、旷工	迟到、早退每次扣 5 分，旷课一节扣 10 分			
			嬉戏打闹	酌情扣分			
			认真、严谨、团结、协作	酌情给分			
2	安全文明操作	10	遵守安全操作规程，正确使用工具、量具，操作现场整洁	酌情给分			
			安全用电、火，无人身、设备事故	若因违规操作发生重大人身和设备事故，按 0 分计			
3	考核过程	10	机体组的拆卸过程（口述）	根据叙述内容是否正确酌情给分			
		10	缸体平面的修理方法（口述）	根据叙述内容是否正确酌情给分			
		15	测量气缸体上平面的平面度	根据操作内容是否正确酌情给分			
		15	测量气缸体主轴承座孔的圆度	根据操作内容是否正确酌情给分			
		20	机体组的装配	根据操作内容是否正确酌情给分			
4	考核结果	10	任务完成时间	酌情给分			
			任务完成质量	酌情给分			
5	分数	100					

七、实训报告

实训项目：________________

姓名：________________ 学号：________________	班级：________________ 日期：________________

一、工具和材料

答：____

____

二、实训练习

1. V带及同步带的拆卸步骤是怎样的？

答：____

____

____

2. 发动机机体解体的顺序如何？

答：____

____

____

3. 机体组的拆装及检测注意事项有哪些？

答：____

____

____

三、指导教师评语

____

____

实训任务四 活塞连杆组的拆装及检测（一）

一、实训目标

1. 知识目标

1）掌握活塞连杆组的组成及结构特点。

2）掌握活塞与气缸配合间隙及偏缸的检测方法。

2. 技能目标

1）能掌握活塞连杆组的拆装技能。

2）能准确测量气缸及活塞直径。

3）能准确检测出偏缸的方向及大小。

二、实训设备、仪器和工具

1. 实训设备

典型车型的发动机 1 台。

2. 实训工具

内径百分表 1 套、千分尺 1 把、塞尺 1 把、活塞环、活塞销卡环、活塞销拆装专用工具、活塞环三隙检验用的量具、常用拆装套筒等。

三、相关知识

活塞连杆组由活塞、活塞环、活塞销、连杆和连杆轴瓦等组成。

活塞是发动机的重要传力机构，活塞与缸盖、气缸形成密闭的容器，保证工作过程的顺利进行，同时将燃气压力变为动力通过连杆传给曲轴输出。

根据活塞的工作条件，对活塞的要求是：

1）有足够的刚度、强度和耐热性，以承受燃气的高温高压。

2）加工精度要求高，保证密封又不增加磨损。

3）尽量降低质量，以减少惯性载荷。

4）润滑性和耐磨性良好，以提高寿命。

铝合金材料基本上满足上面的要求，因此，活塞一般都采用高强度铝合金。

活塞的基本结构可分为顶部、头部、裙部三部分。

（1）活塞顶部　活塞顶部形成燃烧室的底部，主要有平顶、凹顶和凸顶等几种形式，具体形状取决于燃烧室的要求。

（2）活塞头部　活塞头部是活塞环槽以上的部分。其主要作用有：①承受压力并传给连杆；②与活塞环一起实现气缸的密封；③将活塞顶吸收的热量通过活塞环传导到气缸壁上。头部切有若干道用以安装活塞环的环槽。汽油机一般有 2 ~ 3 道环槽，上面 1 ~ 2 道用以安装气环，下面一道用以安装油环。

（3）活塞裙部　自油环槽下端面起至活塞底面的部分称为活塞裙部，其作用是为活塞在气缸内做往复运动导向和承受侧压力。

四、实训操作

（一）活塞连杆组的分解

1. 活塞连杆组的拆卸

1）按照由上至下的顺序拆卸外围附件。

2）拆卸缸盖。注意将缸盖螺栓按照由两端向中间对称分数次旋松，以免缸盖变形。

3）拆卸油底壳。

4）检查活塞顶部的装配标记。若无，则打上标记并标明气缸号（从带盘端计起）。

5）转动曲轴，将准备拆卸的连杆相对应的活塞转至下止点。

6）拆下连杆螺母，取下连杆大头盖、轴承，并按次序放好。

7）用橡胶锤或锤子木柄推出活塞连杆组（应事先刮去气缸上的台阶，以免损坏活塞环）。注意不要倾斜，不要硬撬、硬敲，以免损坏气缸。

8）取出活塞连杆组后，应将连杆轴承盖、螺栓螺母按原位装回，并检查连杆的装配标记。标记应朝向带盘，连杆和连杆大头盖上打上对应缸号。

2. 活塞连杆组的分解

1）用活塞环装卸钳拆下活塞环，如图 4-1 所示。观察活塞环上的标记，“TOP” 朝向活塞顶。

2）拆卸活塞，加热到 60℃，拆下活塞销。

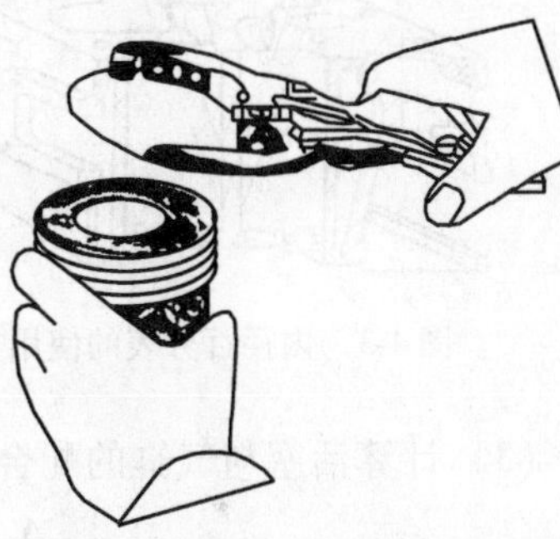

图 4-1　拆卸活塞环

（二）活塞与气缸配合间隙及偏缸的检测

1. 检测活塞与气缸配合间隙

（1）测量气缸直径

1）根据气缸直径的尺寸选择合适的测量接杆，并将其固定在内径百分表杆的下端。接杆固定好后与活动测杆的总长度应与被测气缸的尺寸相适应。

2）校正内径百分表的尺寸，将千分尺校正到被测气缸的标准尺寸，再将内径百分表校准到千分尺的尺寸，并使伸缩杆有 2mm 左右的压缩行程，旋转表盘，使表针对正零位。

3）将内径百分表的测杆伸入到气缸上部（见图 4-2a），对准第 1 道活塞环在上止点位置时所对应的气缸壁（见图 4-2c 所示的 A 位置），分别测量垂直和平行于曲轴轴线方向的气缸直径即可（见图 4-2b 所示的①、②方向）。

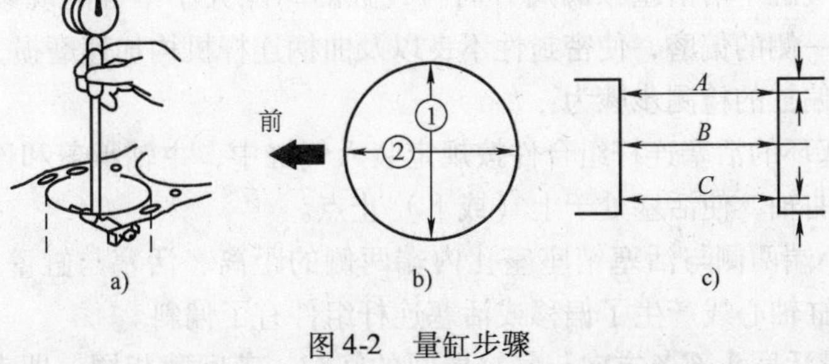

图 4-2　量缸步骤

4）将内径百分表下移，用同样方法测量气缸中部和下部的直径。气缸中部为上、下止点中间位置，如图 4-2c 所示的 B 位置，气缸下部为距离气缸下边缘 10mm 左右处，如图 4-

2c 所示的 C 位置。

5）用内径百分表进行测量时，应注意使测杆与气缸轴线保持垂直，以达到测量的准确性，如图 4-3 所示。当摆动内径百分表，其指针指示到最小读数时，即表示测杆已垂直于气缸轴线，这时才能记录读数；否则，测量不准确。

在上述测量中，其最大、最小读数即为某气缸的最大缸径 D_{max}、最小缸径 D_{min}。

6）计算气缸的圆度和圆柱度：

圆度 $=(D_{max}-D_{min})/2$，D_{max}、D_{min} 分别为同一横截面内最大、最小测量直径；

圆柱度 $=(D_{max}-D_{min})/2$，D_{max}、D_{min} 分别为全部测量值中的最大、最小直径。

（2）测量活塞直径　用外径千分尺从活塞裙部底边向上约 15mm 处测量活塞的横向（即垂直于活塞销）直径 d，如图 4-4 所示。

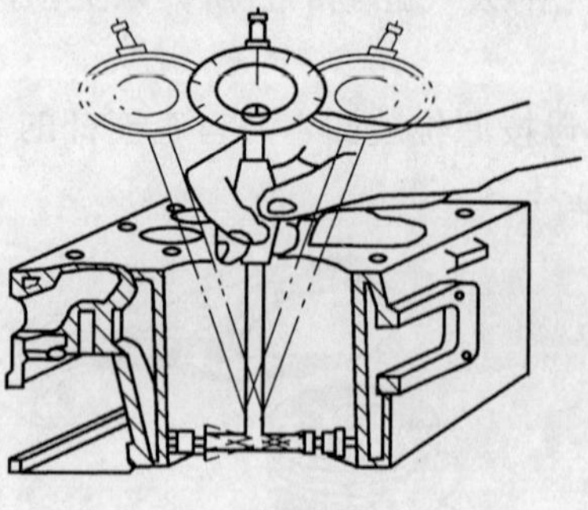

图 4-3　内径百分表的使用方法

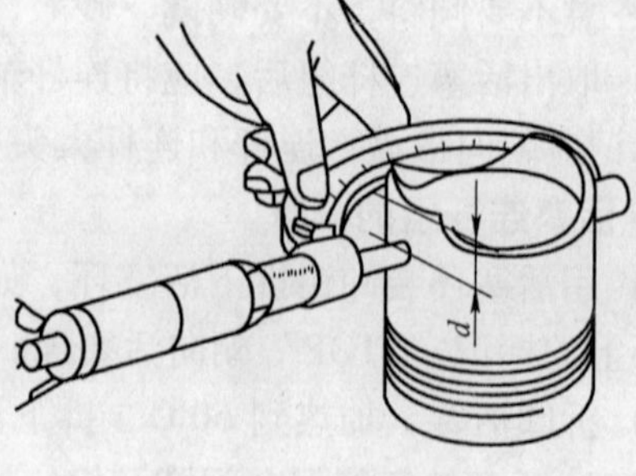

图 4-4　活塞直径的测量

（3）计算活塞与气缸的配合间隙

$$\Delta_{min} = D_{min} - d;\ \Delta_{max} = D_{max} - d$$

（4）活塞与气缸间隙标准　直径为 100mm 的铸铁活塞取 0.05～0.07mm；直径为 100mm 的铝合金活塞取 0.06～0.10mm。活塞与气缸配合间隙既不能过大，也不能过小。如果间隙过小，随着发动机温度的上升，由于活塞的膨胀，将引起“粘缸”；相反，若间隙过大，将出现活塞的敲缸和窜气现象。如果测量计算所得的活塞与气缸间隙超过上述标准，则可根据气缸磨损量（$D_{max}-D_{min}$）的大小判定是否需进行镗缸。当小型汽车气缸磨损量超过 0.15mm、中型汽车超过 0.2mm 时，需进行镗缸。如果不超过上述范围，只需更换活塞环。

2. 活塞偏缸的检测

偏缸指活塞在气缸中沿活塞顶圆周方向与气缸的间隙大小不等的现象，俗称“困缸”。它将造成气缸内壁一侧的偏磨，使密封性不良以及曲柄连杆机构加速磨损，特别是气缸内壁的加剧磨损。活塞偏缸的检测步骤为：

1）将不带活塞环的活塞连杆组合件按规定装入气缸中，主轴承盖和连杆轴承盖应按规定力矩拧紧，转动曲轴，使活塞处于上（或下）止点。

2）检查连杆小端两侧与活塞销座座孔内端两侧的距离、活塞与缸壁的距离是否相同。如果不同，则是气缸轴心线产生了偏移或活塞连杆组件有了偏斜。

3）用塞尺测量活塞头部各方向与气缸壁间的间隙。若间隙相同，即表示配装合适；若相对间隙相差很大，甚至在某一方向没有间隙，即表示有“偏缸”现象。另外，也可根据长期的修理经验，从气缸下体察看其漏光情况来判断是否偏缸。

4）活塞偏缸检验标准为偏斜量在100mm长度范围内不大于0.03mm。

3. 活塞椭圆度的检测

许多活塞都制成椭圆形，其短轴在活塞销方向上。活塞圆度的检测应在圆度检验仪上进行。其圆度的值是0.40mm。

（三）活塞连杆组的装配

1. 安装活塞销锁环

安装活塞销锁环时，锁环与活塞销端面应有0.15mm的间隙，以满足活塞销和活塞热胀冷缩的需要。

2. 安装活塞环

第一道环是矩形环，第二道环是锥形环，油环为组合环，用活塞环装卸钳依次装好。注意："TOP"朝向活塞顶，3道环开口错开120°，第一环开口位置与活塞销中心错开45°。

3. 将活塞连杆组件装入气缸

1）将1缸曲柄转到下止点位置，取下1缸的活塞连杆总成（不带连杆轴承盖，上瓦片应放在座内，将油孔对正），将各部位进行预润滑，并检验各环开口是否处于规定方位。

2）用夹具收紧各环。按活塞顶装配标记将活塞连杆从气缸顶部装入缸筒，用手引导连杆使其对准连杆轴颈，用木锤柄将活塞推入。

3）按装配标记装合1缸连杆轴承盖及轴瓦，并按规定力矩交替拧紧连杆螺母。

拧紧力矩：M9×1　　45N·m

　　　　　M8×1　　30N·m

4）按上述方法，顺序装合各缸活塞连杆组。

五、注意事项

1）安装活塞和连杆时，应认清标记、对正方向。

2）活塞冷却后，再检测活塞裙部的椭圆度。若发现有反椭圆现象，即属活塞销过紧，应查出原因予以纠正。

3）M8×1的连杆螺栓为预应力螺栓，在按规定力矩拧紧连杆螺母时，连杆螺栓在弹性变形范围内被拉长，螺栓和螺母之间有较大而稳定的摩擦力，所以螺母不需要防松装置。但在修理过程中，一旦连杆螺母被拆过，就必须更换。

4）装合活塞连杆组时，应每拧紧一次即转动曲轴，确认转动灵活无阻滞感时，再进行第二次拧紧。如此操作直至达到规定力矩。

六、评分标准

序号	考核项目	配分	考核内容	评分标准	扣分	得分	考核记录
1	工作态度	10	迟到、早退、旷工	迟到、早退每次扣5分，旷课一节扣10分			
			嬉戏打闹	酌情扣分			
			认真、严谨、团结、协作	酌情给分			

（续）

序号	考核项目	配分	考核内容	评分标准	扣分	得分	考核记录
2	安全文明操作	10	遵守安全操作规程，正确使用工具、量具，操作现场整洁	酌情给分			
			安全用电、火，无人身、设备事故	若因违规操作发生重大人身和设备事故，按0分计			
3	考核过程	15	活塞连杆组的拆卸顺序（口述）	根据叙述内容是否正确酌情给分			
		15	活塞连杆组装配中各装配标记位置（口述）	根据叙述内容是否正确酌情给分			
		20	组装活塞连杆组	根据操作内容是否正确酌情给分			
		10	测量气缸直径	根据操作步骤是否正确酌情给分			
		10	测量活塞直径	根据操作步骤是否正确酌情给分			
4	考核结果	10	任务完成时间	酌情给分			
			任务完成质量	酌情给分			
5	分数	100					

七、实训报告

实训项目：________

姓名：________ 班级：________

学号：________ 日期：________

一、工具和材料

答：________

二、实训练习

1. 活塞与气缸间隙标准是多少？过大和过小有哪些危害？

答：________

2. 活塞偏缸的检验步骤是怎样的？

答：________

3. 安装活塞环的注意事项有哪些？

答：________

4. 活塞连杆组拆装的注意事项有哪些？

答：________

三、指导教师评语

____

实训任务五　活塞连杆组的拆装及检测（二）

一、实训目标

1. 知识目标

1）掌握活塞环的组成与结构特点以及活塞环的工作原理。

2）掌握连杆的组成与结构特点。

2. 技能目标

1）能正确测量活塞环的三隙。

2）能正确选配、安装活塞销。

3）能准确检测出连杆的各种弯、扭变形。

二、实训设备、仪器和工具

1. 实训设备

待测连杆及活塞销 1 套，活塞、活塞环 1 套，与活塞配套的气缸 1 台，清洗剂 1 瓶，油盆、钢丝刷 1 套。

2. 实训仪器

连杆检验仪 1 台，活塞环弹力检验器 1 台。

3. 实训工具

塞尺 1 把、千分尺 1 把、内径量表 1 套、活塞环装卸钳 1 把、刮刀 1 把、维修工具 1 套、电加热器 1 套。

三、相关知识

1. 活塞环

活塞环分为气环和油环。

气环的作用是保证活塞和气缸壁间的密封，还可将活塞顶部的大部分热量传导到气缸壁，再由冷却液或空气带走。通常每个活塞装有 2 ~ 3 道气环。气环按断面形状分有矩形环、锥形环、扭曲环、梯形环和桶形环。

油环用来刮除气缸壁上多余的润滑油，并在气缸壁上铺涂一层均匀的润滑油膜。此外，油环也起到封气的辅助作用。通常每个活塞有 1 ~ 2 道油环。油环分为整体式和组合式两种。

2. 活塞环的三隙

发动机工作时，活塞、活塞环都会发生热膨胀。活塞环既相对于气缸上下运动，又相对于活塞横向移动，因此活塞环在安装时应留有端隙、侧隙、背隙三处间隙。

（1）端隙　指活塞环平装在气缸内时两端头的间隙（开口处呈现的间隙），是为防止活塞环受热膨胀而卡死在气缸内而设置的。

（2）侧隙　又称边隙，指活塞环与环横侧壁之间的间隙。

（3）背隙　指活塞与活塞环装入气缸后，活塞环内圆柱面与活塞环槽底面的间隙。背隙可加强活塞环工作面的密封作用。

（4）活塞环的检验　包括活塞环弹力检验、活塞环的漏光度检验及活塞环三隙的检验。

3. 活塞销

（1）功用　连接活塞与连杆，并将活塞所受的燃气压力传给连杆。

（2）工作条件　活塞销承受着很大的周期性的冲击载荷，为此，要求活塞销有足够的强度和刚度。

（3）分类　按活塞销与活塞销座的连接形式分为全浮式活塞销和半浮式活塞销。

4. 连杆组

连杆是活塞与曲轴连接的部件，其功用是将活塞承受的力传给曲轴，并将活塞的往复运动变为曲轴的旋转运动。

连杆分为大头、小头和杆身三部分。

（1）连杆小头　连杆小头除传力外还相对于活塞销做往复摆动。因此，在要求强度和刚度的同时还要求耐磨和减少摩擦力。为此一般在连杆小头孔中压入减摩的青铜衬套。

（2）连杆杆身　连杆杆身承受交变载荷的作用，因此连杆杆身大部分采用“工”字形的断面。

（3）连杆大头　连杆大头与曲轴上的连杆轴颈相连接，因此要求有足够的强度和刚度，以保证整机的可靠性。

四、实训操作

（一）连杆检测

1. 连杆大端孔的检测

1）将连杆大端的轴承盖装好，不装轴承（瓦），并按规定力矩拧紧螺栓、螺母。

2）用内径量表测量连杆大端孔的一组直径（4 个），测量位置如图 5-1 所示的 $A_{前}$、$B_{前}$、$A_{后}$、$B_{后}$，并按下式计算圆度和圆柱度：

圆度 $=(D_{max}-D_{min})/2$，D_{max}、D_{min} 分别为同一横截面内最大、最小测量直径；

圆柱度 $=(D_{max}-D_{min})/2$，D_{max}、D_{min} 分别为全部测量值中的最大、最小直径。

2. 连杆变形的检测

连杆变形的检测可在连杆检验仪中的直线度检验仪上进行，如图 5-2 所示。直线度检验仪由检验平板、可调心轴、三点量规等组成。

1）将连杆大端的轴承盖装好，不装轴承（瓦），并按规定力矩拧紧螺栓、螺母。

2）检查连杆大、小端孔有无损伤，确认大端轴承孔的圆度、圆柱度是否符合技术要求。

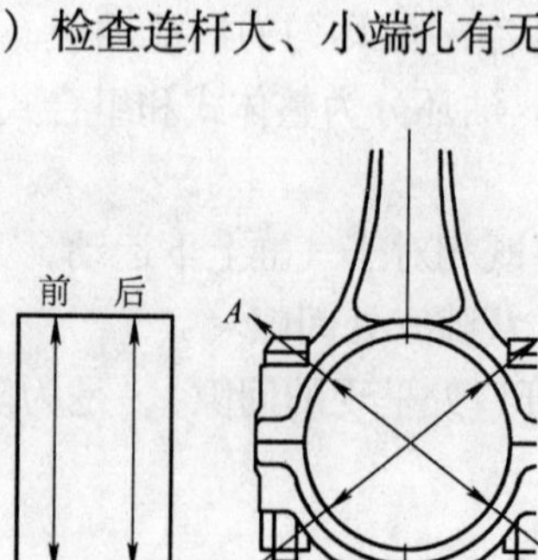

图 5-1　连杆大端孔的检测

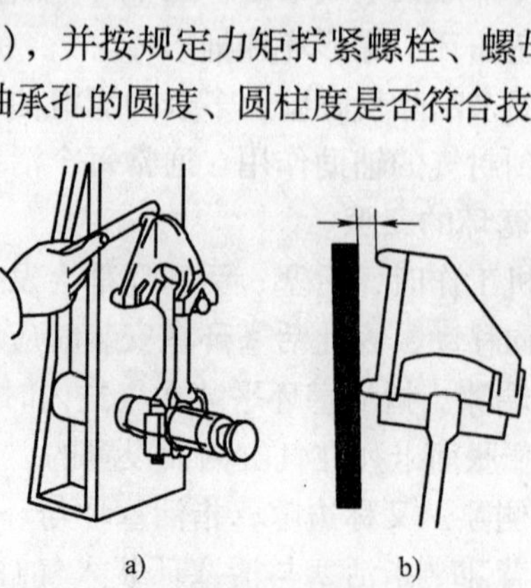

图 5-2　连杆弯曲、扭曲的检测

3）装上已经铰配好的活塞销。

4）将连杆大端装到直线度检验仪的可调心轴上，使心轴定心块向外扩张，把连杆固定在检验仪上。

5）将带有V形块的三点量规轻轻跨放在连杆小头的活塞销上，轻轻移动，使三点量规的测点接触检验平板。三点量规上的三测点共面，且与V形块垂直，下面两测点间的距离为100mm，上测点与两下测点连线的垂直距离也是100mm。

6）用塞尺测量三点量规的各测点与检验平板间的间隙值，并记录数据，即可判断连杆的弯曲、扭曲的变形情况。

① 竖直：检测时，如果三点量规的3个测点都与检验平板接触，说明连杆既无弯曲也无扭曲。

② 弯曲：若上测点与平板接触、下面两测点与平板不接触，且与平板的间隙相等，或下面的两测点与平板接触而上测点与平板不接触，则表明连杆发生了弯曲。这时测得的间隙值即为连杆在100mm长度上的弯曲度值。如果上测点与两下测点连线的垂直距离不是100mm，而是a（mm），则将测得的间隙值折算到100mm上得到的间隙值即为弯曲度值。其计算公式为：

$$弯曲度=间隙值\times 100/a$$

③ 扭曲：如果只有一个下测点与平板相接触，且上测点与平板的间隙等于另一个测点与平板间隙的一半，此时，下测点与平板的间隙值即为连杆在100mm长度上的扭曲度值。如果下面两测点间的距离不是100mm，则将测得的间隙值折算到100mm上得到的间隙值即为扭曲度值。

④ 弯、扭并存：当一个下测点与平板接触时，另一个下测点与平板的间隙即为连杆在100mm长度上的扭曲度值；上测点与平板的间隙和下测点与平板间隙的一半的差值，即为连杆在100mm长度上的弯曲度值。如果只有一个上测点与平板接触时，两下测点与平板的间隙差为扭曲度值；两下测点与平板的间隙和值的一半为弯曲度值。如果上测点到两下测点连线的垂直距离、下面两测点间的距离不是100mm，则将测得的间隙值折算到100mm上得到的间隙值即为弯曲度值、扭曲度值。

⑤ 双重弯曲：如图5-3所示，检测时，将连杆大端端面与平板靠紧，测出连杆小端端面与平板的距离a；将连杆翻转180°，用同样的方法测出距离b。若两次测得的数值不等，说明连杆有双重弯曲，两次测得的数值之差（$a-b$）即为双重弯曲值。

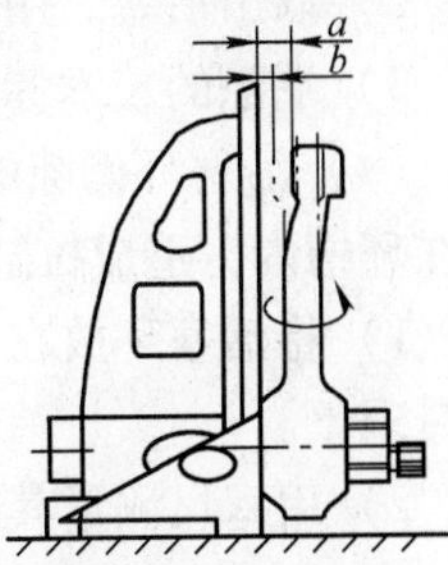

图5-3　连杆双重弯曲的检测

连杆在100mm长度上的弯曲度值应不大于0.03mm，扭曲度值应不大于0.06mm。超过标准数值时，应进行连杆校正。

（二）活塞环的检测与装配

1. 活塞环的检测

（1）活塞环弹力的检测　活塞环的适当弹力是保证气缸密封性的主要条件之一。若弹力过大，会增加摩擦损耗；若弹力过小，不能起到良好的密封作用，引起气缸的漏气、窜油。活塞环的弹力检测应在检验器上进行，如图5-4所示。

1）将活塞环竖直地放在弹力检验器的凹槽里，把活塞环的开口间隙放置在垂直于杠杆向外的位置。

2）将杠杆压在活塞环上，移动杠杆上的量块，按规定所需的力使活塞环的开口端隙压至标准数值时，若弹力大小符合规定的技术要求，活塞环的弹性即为合格。

（2）活塞环漏光度的检测　其目的是察看活塞环与气缸壁的贴合情况。漏光度过大，活塞环局部接触面积小，易造成漏气和润滑油上窜现象。选配活塞环时，应进行漏光的检测。

1）将活塞环平置于气缸内，再将活塞环内圈用轻质盖板盖住，以盖板外圆不接触气缸壁为准，在气缸下部放置光源，如图5-5所示。

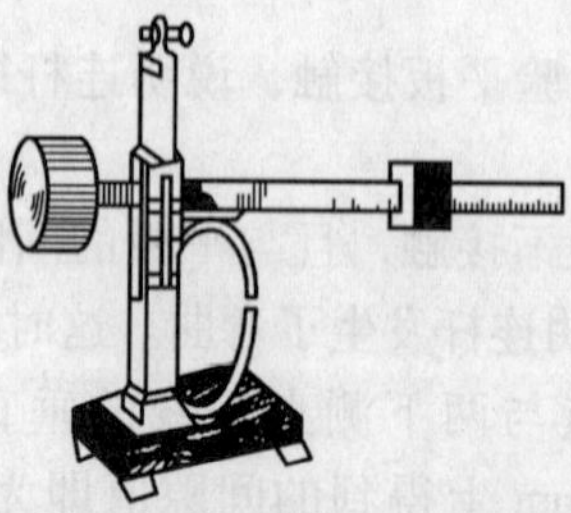

图5-4　活塞环弹力检测

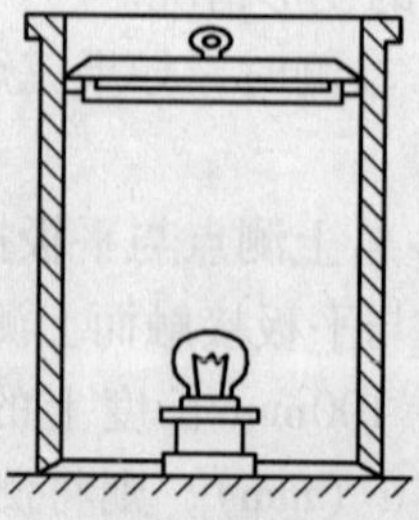

图5-5　活塞环漏光度检测

2）活塞环漏光度的一般技术要求：在活塞环开口端左右30°范围内不允许有漏光现象，同一根活塞环上的漏光不应多于两处，每处漏光弧长所对应的圆心角不得超过25°，同一活塞环上的漏光弧长所对应的圆心角总和不超过45°，漏光处的缝隙应不大于0.03mm。

（3）活塞环端隙的检测

1）将活塞环置于待配的气缸内，用活塞顶部将活塞环推到气缸下部未磨损处，使环平行于气缸体平面。

2）取出活塞，用塞尺插入开口处进行测量，如图5-6所示。

3）端隙的技术标准：缸径每100mm，端隙为0.25～0.45mm。

（4）活塞环侧隙的检测　侧隙过大将影响活塞环的密封作用，过小则可能使活塞环卡死在环槽内，造成拉缸事故。

1）将活塞环放在环槽内，围绕环槽转动1周，活塞环应能自由地转动，既不松动又无阻滞现象。

2）用塞尺测量其间隙的大小，如图5-7所示，应符合技术要求。

3）侧隙的技术标准：轿车活塞环侧隙一般为0.02～0.07mm。

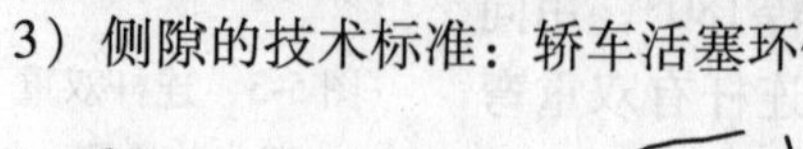

图5-6　活塞环端隙的检测

图5-7　活塞环边隙的检测

（5）活塞环背隙的检测

1）用游标卡尺的深度尺测量活塞环槽深。

2）用游标卡尺测量活塞环宽。

3）活塞环槽深与环宽的差值即为背隙值。检测的背隙值应符合规定的技术要求。

4）背隙的技术标准：轿车活塞环背隙一般为 0 ~0. 35mm。

2. 活塞环的装配

活塞环经过上述的检测合格后，就可以装配到活塞上了。

（1）清洗活塞

1）使用衬垫刮刀将活塞顶部积炭清理掉，如图 5-8a 所示。

2）用带槽的清理工具或断环清理活塞环槽，如图 5-8b 所示。

3）用溶剂和刷子彻底清洗活塞，如图 5-8c 所示。注意不要使用钢丝刷。

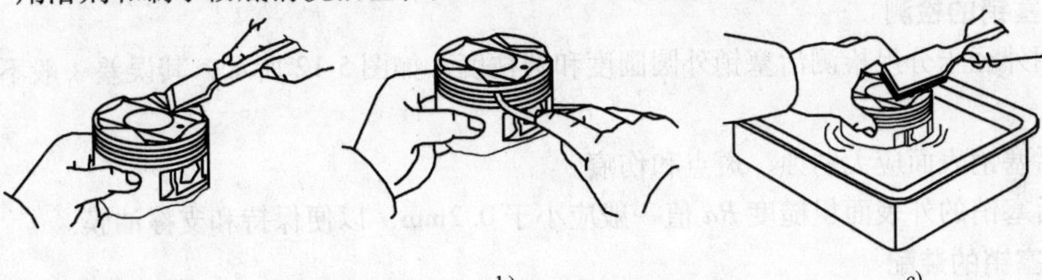

a)　b)　c)

图 5-8　清洗活塞

（2）安装活塞环　按油环和气环的顺序逐个装配。

1）油环安装：普通油环用手直接安装，如图 5-9a 所示。对于组合式（三片式）油环的装配，首先选择适当的油环扩张器（胀簧架或膨胀环），将油环装入活塞环槽内，再装上、下刮片，先将刮片一端装入活塞环槽内，利用手指将剩余部分慢慢细心地压入槽内，如图 5-9b 所示。

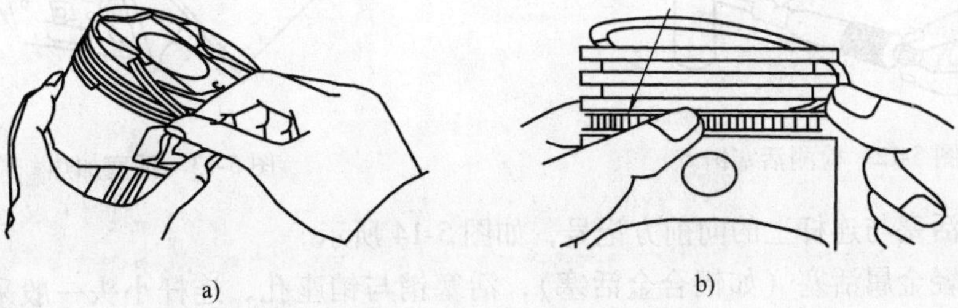

a)　b)

图 5-9　油环的安装

a）普通油环的安装　b）三片式油环刮片的安装

2）气环安装：安装时，要使用活塞环装卸钳（见图 5-10a），并使有字的一面朝上（见图 5-10b），不可装反；否则，将引起漏气、窜油。

3）环口位置的布置：活塞环各环口位置应正确地按圆周均匀分布，绝对不能端口重叠造成漏气、窜油。第 1 道环的端口应位于活塞销中心线相交的 45°处；若活塞环是 3 道环的，则第 1、2 两道环的端口应彼此错开 120°，第 2、3 两道环的端口应彼此错开 120°；若活塞环是 4 道环的，则第 1、2 两道环的端口应彼此错开 180°，第 2、3 两道环的端口应彼此错开 90°，第 3、4 两道环的端口应彼此错开 90°，如图 5-11 所示。

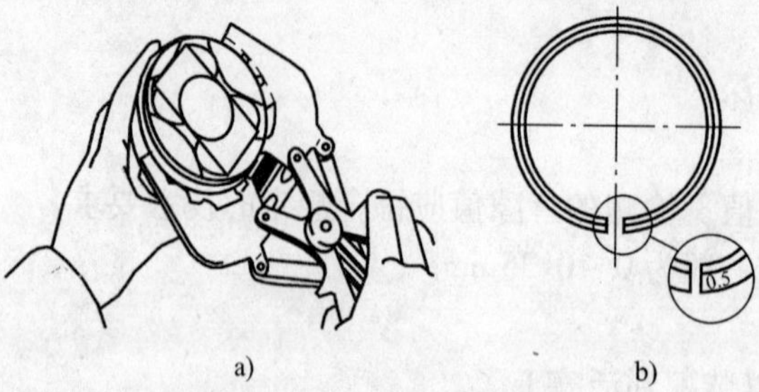

图 5-10 气环的安装

a）活塞环装卸钳的使用 b）活塞环的尺寸标记（向上标记）

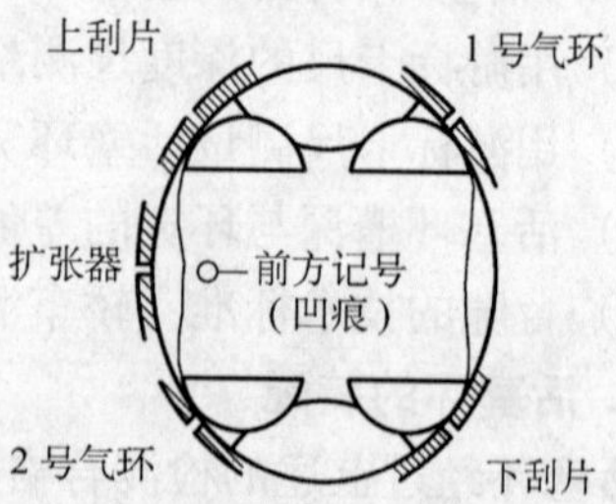

图 5-11 活塞环端口位置布置

（三）活塞销的检测与装配

1. 活塞销的检测

1）用外径千分尺检测活塞销外圆圆度和圆柱度，如图 5-12 所示，其误差一般不得大于 0.005mm。

2）活塞销表面应无锈蚀、斑点和伤痕。

3）活塞销的外表面粗糙度 *Ra* 值一般应小于 0.2mm，以便保持和支撑油膜。

2. 活塞销的装配

1）把活塞浸入温度为 60～80℃的油中加热，如图 5-13 所示。

2）在活塞销上涂一层润滑油。

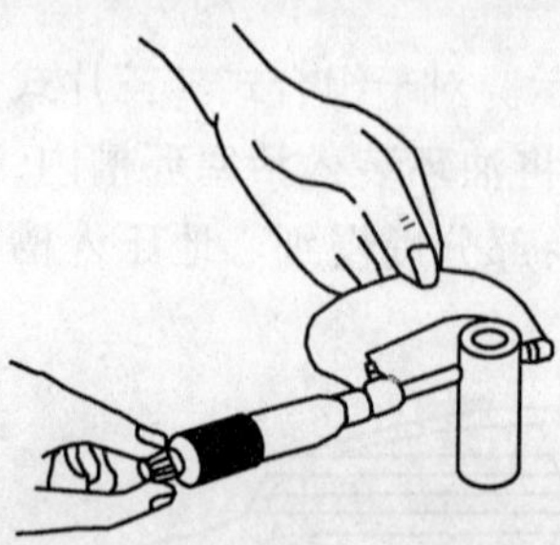

图 5-12 检测活塞销

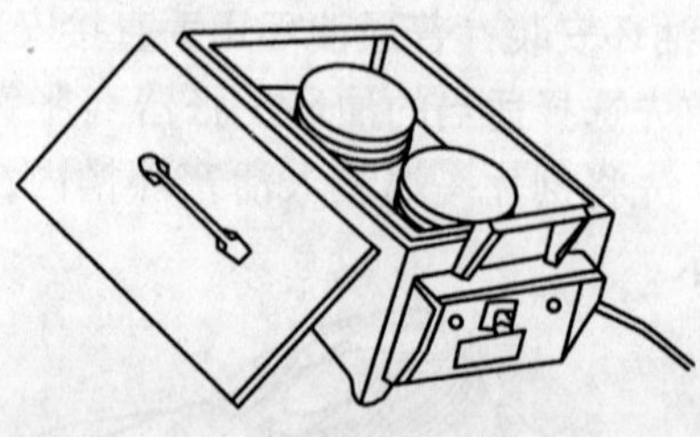

图 5-13 活塞加热

3）对正活塞与连杆上的向前方记号，如图 5-14 所示。

4）对于轻金属活塞（如铝合金活塞），活塞销与销座孔、连杆小头一般采用全浮式的配合方式，如图 5-15 所示。其配合间隙一般为 0.0025～0.005mm。装配时，用大拇指即可把活塞销压入活塞销座孔内，如图 5-16 所示。用尖嘴钳夹紧活塞销挡圈，把它压缩到能进入环槽即可，如图 5-17 所示。用尖嘴钳调整挡圈的开口方向，使它朝向活塞裙部。因为活塞运行时，挡圈上部应力最大。

对于铸铁活塞，活塞销与销座孔、连杆小头一般采用半浮式的配合方式。活塞销夹紧在连杆小端中，活塞销可以在活塞销座孔内作微量转动，如图 5-18a 所示；活塞销固定在活塞上，连杆可在活塞销上微量转动，如图 5-18b 所示。还有一种半浮式的配合方式，采用活塞销与活塞销座孔或与连杆小端过盈配合，其配合过盈量一般为 0.003mm。装配活塞销时，用木锤将销敲进活塞销座孔内。

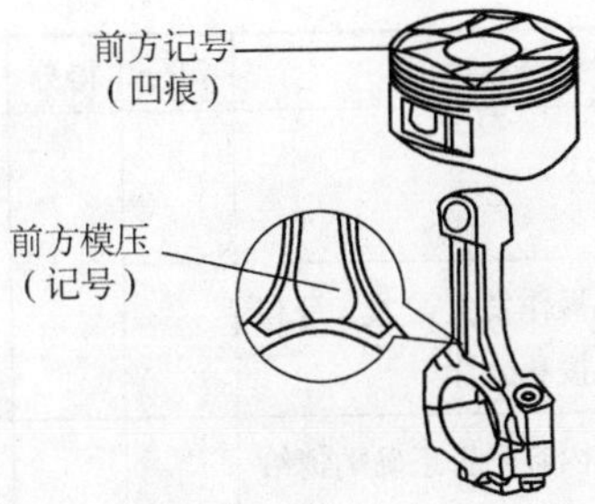

图 5-14　对正活塞与连杆上的向前方记号

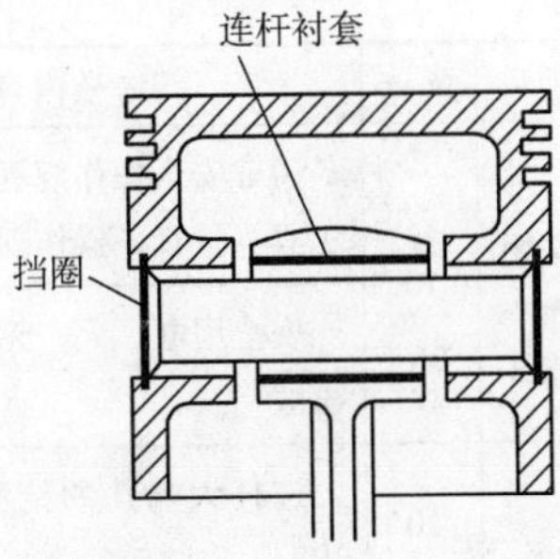

图 5-15　全浮式配合方式

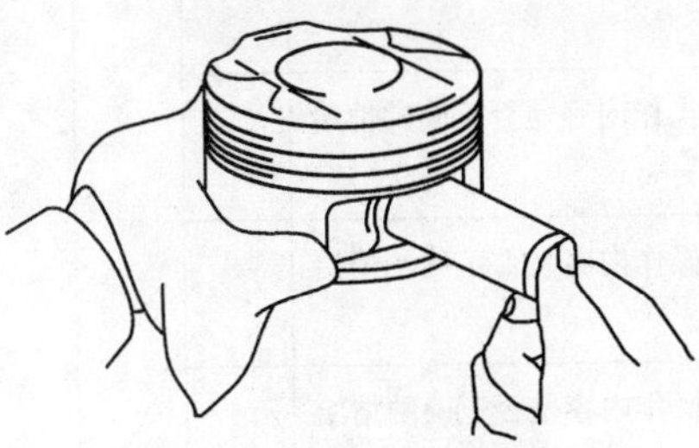

图 5-16　活塞销的装配

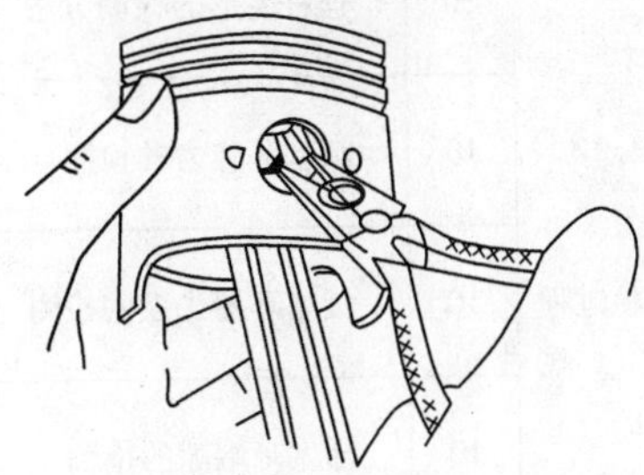

图 5-17　挡圈的安装

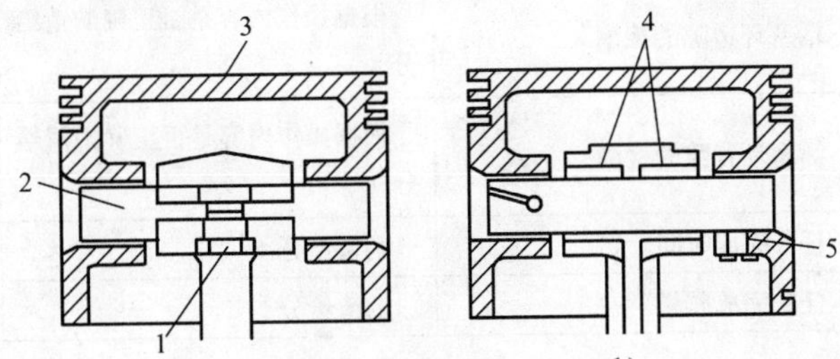

图 5-18　半浮式配合方式

a）固定连杆小头　b）固定活塞

1—锁止螺栓　2—活塞销　3—活塞　4—连杆衬套　5—固定活塞螺栓

五、注意事项

1）安装活塞销时，要用专用工具或加热到 60℃进行。

2）活塞销挡圈开口要与活塞销孔上的缺口错开。

3）3 道环的开口要错开。

六、评分标准

序号	考核项目	配分	考核内容	评分标准	扣分	得分	考核记录
1	工作态度	10	迟到、早退、旷工	迟到、早退每次扣 5 分，旷课一节扣 10 分			
			嬉戏打闹	酌情扣分			
			认真、严谨、团结、协作	酌情给分			

（续）

序号	考核项目	配分	考核内容	评分标准	扣分	得分	考核记录
2	安全文明操作	10	遵守安全操作规程，正确使用工具、量具，操作现场整洁	酌情给分			
			安全用电、火，无人身、设备事故	若因违规操作发生重大人身和设备事故，按0分计			
3	考核过程	10	连杆大端孔的检测过程（口述）	根据叙述内容是否正确酌情给分			
		10	连杆变形的检测方法（口述）	根据叙述内容是否正确酌情给分			
		10	活塞环弹力的检测	根据操作内容是否正确酌情给分			
		10	活塞环漏光度的检测	根据操作内容是否正确酌情给分			
		10	活塞环端隙的检测	根据操作内容是否正确酌情给分			
		10	活塞环边隙的检测	根据操作内容是否正确酌情给分			
		10	活塞环背隙的检测	根据操作内容是否正确酌情给分			
4	考核结果	10	任务完成时间	酌情给分			
			任务完成质量	酌情给分			
5	分数	100					

七、实训报告

实训项目：________

姓名：________	班级：________
学号：________	日期：________

一、工具和材料

答：________

二、实训练习

1. 安装活塞环的顺序及方法是怎样的？

答：________

2. 活塞销的检测方法是怎样的？

答：________

（续）

3. 活塞销的装配方法是怎样的？

答：

4. 活塞销装配注意事项有哪些？

答：

三、指导教师评语

实训任务六 曲轴飞轮组的拆装及检测

一、实训目标

1. 知识目标

1）掌握曲轴飞轮组各部件的名称、作用和结构特点。

2）掌握曲轴轴向间隙的检验方法和技术要求。

3）掌握曲轴主要变形部位的测量方法。

2. 技能目标

1）能掌握曲轴飞轮组的拆装技能。

2）能准确发现曲轴的裂纹，能正确检测曲轴的磨损及弯曲、扭曲变形。

二、实训设备、仪器和工具

1. 实训设备

典型车型发动机 1 台，平板 1 块。

2. 实训工具

磁力表座、百分表 1 套、千分尺 1 把、曲轴磁力探伤仪 1 套、常用工量具、专用套筒、撬棍、锤子等。

三、相关知识

曲轴飞轮组主要包括曲轴、飞轮和扭转减振器等。

曲轴的功用是把活塞的往复运动变为旋转运动，对外输出功率驱动发动机各辅助系统工作。

曲轴在工作中受到周期性变化的气体压力、往复运动惯性力、旋转运动惯性力及力矩的作用。这些周期性的交变载荷会引起曲轴的振动和疲劳损坏。

曲轴的结构形式可分为整体式与组合式两大类。曲轴可分为主轴颈、曲柄销（又称为连杆轴颈）、曲柄、曲轴前端和曲轴后端 5 部分。曲轴通过主轴颈支承在主轴承上旋转。

（1）主轴颈　按照曲轴的主轴颈数，可以把曲轴分为全支承曲轴和非全支承曲轴两种。

（2）曲柄销　它与连杆大头相连，并在连杆轴承中转动。曲柄销数目与气缸数相等。

（3）曲柄　曲柄是主轴颈与曲柄销的连接部分，也是曲轴受力最复杂、结构最薄弱的环节。曲柄与主轴颈和曲柄销的连接处形状突然变化，存在着严重的应力集中现象，曲轴裂缝或断裂大多数出现在这个部位。

（4）前端轴与后端轴　前端轴是第一道主轴颈之前的部分，通常带有键槽和螺栓，用来安装正时齿轮、带轮、扭转减振器等。后端轴是最后一道主轴颈之后的部分，一般在其后端装有凸缘盘。飞轮用螺栓紧固在曲轴后端面上。

四、实训操作

下面以桑塔纳轿车发动机为例进行拆装。图 6-1 所示为曲轴飞轮组分解示意图。

（一）曲轴飞轮组的拆卸

1）将气缸体反转倒置在工作台上。

2）拆卸中间轴密封凸缘。其紧固螺栓的拧紧力矩为25N·m。

3）拆卸缸体前端中间轴密封凸缘中的油封。装配时，必须更换。

4）拆卸中间轴。

5）拆卸带盘端曲轴油封。

6）拆卸前油封凸缘及衬垫。

7）旋出飞轮固定螺栓，从曲轴凸缘上拆下飞轮，如图6-2所示。

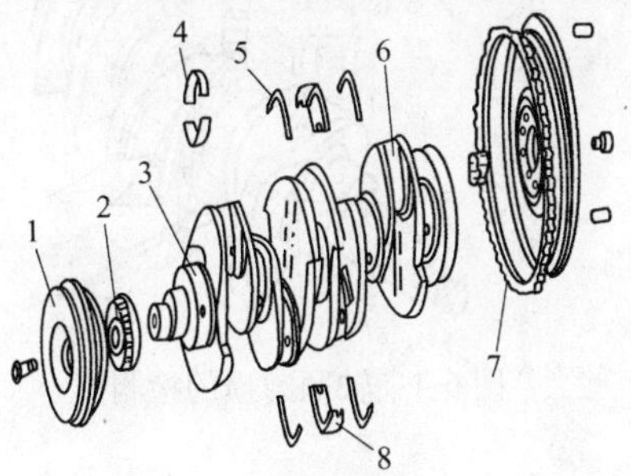

图6-1　曲轴飞轮组分解示意图

1—带轮　2—正时齿轮　3—曲轴主轴颈　4—连杆轴瓦

5—止动片　6—连杆轴颈　7—飞轮　8—主轴瓦

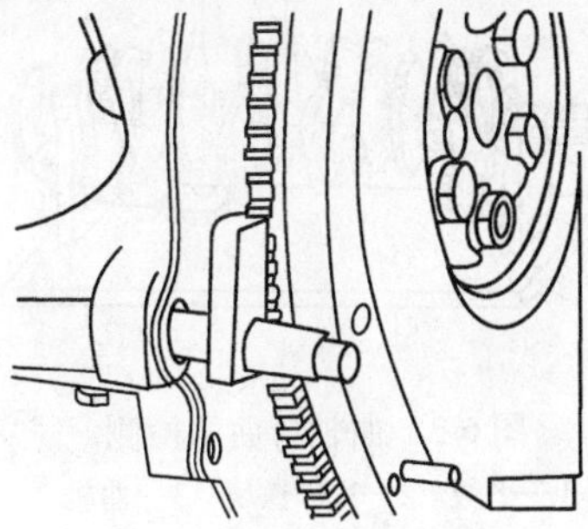

图6-2　飞轮的拆卸

8）拆下曲轴主轴承盖紧固螺栓。不能一次全部拧松，必须分次从两端到中间逐步拧松。该螺栓的拧紧力矩为65N·m。

9）抬下曲轴，再将轴承盖及垫片按原位装回，并将固定螺栓拧入少许。注意推力轴承定位及开口的安装方向，且轴瓦不能互换。

（二）曲轴检测

1. 曲轴裂纹的检测

（1）磁力探伤法

1）清洗曲轴。

2）用探伤器（仪）将零件磁化。

3）在零件可能产生裂纹处撒些磁粉。

4）当磁力线通过裂纹边缘处时，磁粉将会吸附在裂纹处，从而显示出裂纹的部位和大小。

（2）浸油敲击法

1）清洗曲轴。

2）将曲轴放在煤油中浸泡片刻。

3）取出曲轴并擦净表面油膜，然后撒上白粉。

4）用锤子分段敲击每道曲柄臂，如果有明显油迹出现，则该处有裂纹。

2. 曲轴弯曲的检测

1）将曲轴两端未磨损的部位放于平板上的V形铁块上，如图6-3所示；或将曲轴支持在车床的前、后顶针上，以前端正时齿轮轴颈（未发生磨损部分）及后端装飞轮的突缘为基面。

2）校对中心水平后，用百分表进行测量。

3）百分表的量头应对准曲轴中间的一道（通常此道变形量最大）主轴颈，用手慢慢转动曲轴一圈后，百分表指示的最大摆差的一半即为曲轴的弯曲度。

4）测量时，不可将百分表的量头放在轴颈的中间，而应放在轴颈的一端，如图6-4所示的Ⅰ-Ⅰ或Ⅱ-Ⅱ的位置；否则，会由于轴颈不圆而对曲轴的弯曲量作出不正确的结论。

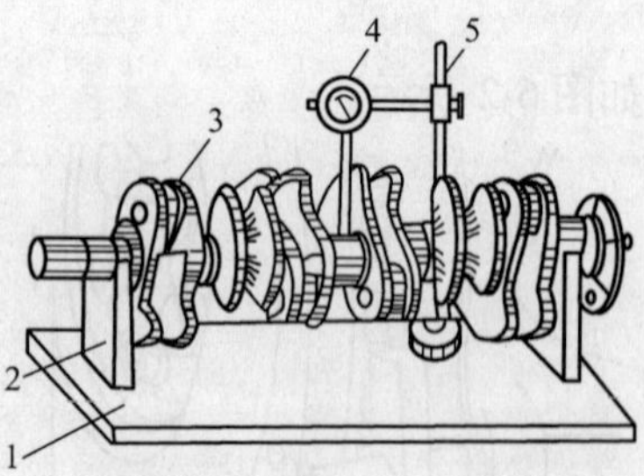

图6-3 曲轴弯曲的检测
1—平板 2—V形铁块 3—曲轴
4—百分表 5—百分表架

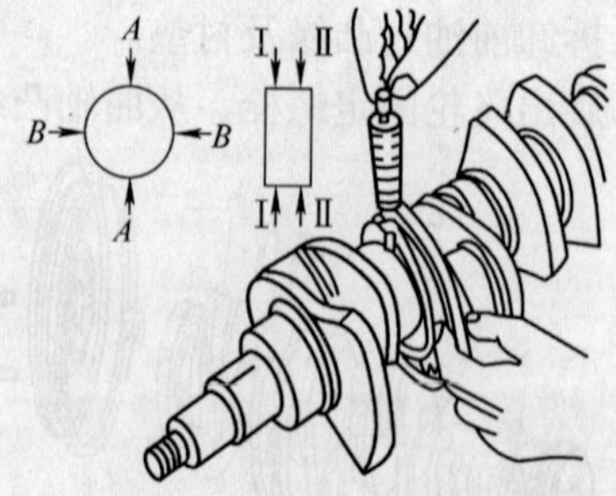

图6-4 轴颈磨损的检测

检测技术标准（以小轿车为例）：弯曲度未超过0.05mm，曲轴可不必校正；弯曲度为0.05~0.10mm时，可在轴颈磨削时一并予以修正；若超过0.10mm，则必须加以校正。

3. 曲轴扭曲的检测

1）曲轴弯曲检测以后，将相对应的两个连杆轴颈（如六缸发动机曲轴的1、6连杆轴颈；四缸发动机曲轴的1、4连杆轴颈）转到水平的位置。

2）用百分表测出相对应的两个连杆轴颈的高度差ΔA，即为扭转度。

3）计算扭转变形的扭转角θ：

$$\theta = 360 \cdot \Delta A/2\pi R = 57\Delta A/R$$

式中 R——曲柄半径，单位为mm。

4）曲轴扭转一般很微小，可在修磨曲轴轴颈时予以修正。

4. 曲轴轴颈磨损的检测

1）在每一道轴颈上选取两个截面Ⅰ-Ⅰ和Ⅱ-Ⅱ，在每一道截面上取与曲柄平行及垂直的两个方向A-A和B-B，用外径千分尺进行测量，如图6-4所示。

2）计算曲轴轴颈的圆度和圆柱度：

圆度$=(D_{max}-D_{min})/2$，D_{max}、D_{min}分别为同一横截面内最大、最小测量直径；

圆柱度$=(D_{max}-D_{min})/2$，D_{max}、D_{min}分别为全部测量值中的最大、最小直径。

检测技术标准：轴颈直径在80mm以下的圆度、圆柱度误差不得大于0.025mm；轴颈直径在80mm以上的圆度、圆柱度误差不得大于0.040mm。若超过该值，则需按修理尺寸对轴颈进行磨光。

（三）曲轴飞轮组的装配

1）将经过清洗并擦拭干净的曲轴、飞轮、选配或修配好的轴承、轴承盖及垫片等零件依次摆放整齐，准备装配。

2）将曲轴安装在缸体上。在第三道主轴颈两侧安装止动垫片，垫片上带油槽的减磨合金表面必须朝向曲轴。注意：轴承盖按序号安装，不得装错和装反，并由中间向外对称紧固螺栓（紧固力矩为65N·m）。

3）安装曲轴前、后油封和油封座。

4）安装飞轮和滚针轴承。

新换飞轮时，应在飞轮“0”标记（1、4缸上止点记号）附近打印上点火正时记号。

曲轴后端孔内变速器输入轴的滚针轴承标记应朝外（朝后），外端面应距曲轴后端面1.5mm。

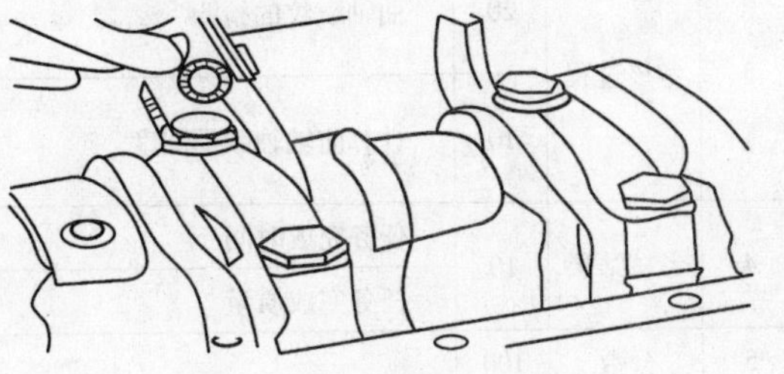

图6-5　曲轴轴向间隙的测量

5）检测曲轴的轴向间隙，如图6-5所示。

检测时，先用撬棍将曲轴撬向一端，再用塞尺在止动垫片处测量曲柄与止动垫片之间的间隙。装配新件的间隙值为0.07～0.17mm，磨损极限为0.25mm。如果曲轴轴向间隙过大，则应更换止动垫片。

五、注意事项

1）对于1、2、4、5道曲轴瓦，只有装在缸体上的那片轴瓦有油槽，装在瓦盖上的无油槽；而第三道轴瓦两片均有油槽。

2）曲轴飞轮组标记：四冲程直列4缸汽油机的飞轮上刻有“1—4缸上止点”的标记，当该标记与飞轮壳前端的刻线对齐时，1、4缸活塞处于上止点位置。

3）曲轴轴承上均有定位凸块，该凸块与轴承座上的凹槽相嵌合。同一道轴承的瓦盖和底座不能分开放置，以免错乱。

六、评分标准

序号	考核项目	配分	考核内容	评分标准	扣分	得分	考核记录
1	工作态度	10	迟到、早退、旷工	迟到、早退每次扣5分，旷课一节扣10分			
			嬉戏打闹	酌情扣分			
			认真、严谨、团结、协作	酌情给分			
2	安全文明操作	10	遵守安全操作规程，正确使用工具、量具，保持操作现场整洁	酌情给分			
			安全用电、火，无人身、设备事故	若因违规操作发生重大人身和设备事故，按0分计			
3	考核过程	15	叙述曲轴飞轮组的拆卸顺序（口述）	根据叙述内容是否正确酌情给分			
		15	简述曲轴弯曲的检测方法（口述）	根据叙述内容是否正确酌情给分			
		10	计算曲轴轴颈的圆柱度	根据计算内容是否正确酌情给分			

（续）

序号	考核项目	配分	考核内容	评分标准	扣分	得分	考核记录
3	考核过程	20	曲轴裂纹的检测	根据操作内容是否正确酌情给分			
		10	计算曲轴轴颈的圆度	根据计算内容是否正确酌情给分			
4	考核结果	10	任务完成时间	酌情给分			
			任务完成质量	酌情给分			
5	分数	100					

七、实训报告

实训项目：________

姓名：________　　班级：________

学号：________　　日期：________

一、工具和材料

答：________

二、实训练习

1. 曲轴的功用有哪些？

答：________

2. 扭转变形的扭转角 θ 的计算公式是怎样的？

答：________

3. 曲轴飞轮组的装配顺序是怎样的？

答：________

4. 曲轴飞轮组拆装的注意事项有哪些？

答：________

三、指导教师评语

____

项目三　配气机构的拆装及调整

实训任务七　配气机构的拆装及装配

一、实训目标

1. 知识目标

1）掌握发动机配气机构的组成、构造和装配关系。

2）掌握凸轮的结构特点。

3）掌握正确检测凸轮的裂纹、磨损和弯曲变形的方法。

2. 技能目标

1）掌握配气机构的拆检方法和拆装技能。

2）能正确检测凸轮轴的裂纹、凸轮的磨损、凸轮轴的弯曲变形。

二、实训设备、仪器和工具

1. 实训设备

桑塔纳发动机总成和挂图。

2. 实训工具

常用工量具 1 套、气门拆装专用工具 1 套、千分尺 1 把、平板 1 块、磁力表座、百分表 1 套、塞尺 1 把、空气压缩机 1 台、清洗剂 1 瓶。

三、相关知识

1. 配气机构的作用

配气机构的作用是按照发动机各缸的做功次序和每一气缸工作循环的要求，定时开启和关闭各气缸的进、排气门，配合发动机各缸实现进气、压缩、做功和排气的工作过程。

2. 配气机构的组成

配气机构由气门组和气门传动组组成。

气门组包括气门、气门导管、气门弹簧、气门弹簧座等。

气门传动组主要由凸轮轴、挺柱、推杆、摇臂轴、摇臂及调整螺钉等组成。

（1）凸轮轴　凸轮轴上主要有各缸进、排气凸轮，用以使气门按一定的工作次序和配气相位及时开闭，并保证气门有足够的升程。汽油机的凸轮轴布置在气缸的侧面下方时，一般将驱动汽油泵的偏心轮和驱动分电器的螺旋齿轮设置在凸轮轴上。

（2）摇臂轴　摇臂轴为钢制空心管状，用来套装摇臂。它通过摇臂支座用螺栓固定在气缸盖上。各摇臂之间装有弹簧，其张力将摇臂紧压在支座两侧的磨光面上，以防止摇臂轴向移动。摇臂与轴之间装有青铜衬套。

四、实训操作

下面以桑塔纳轿车发动机配气机构的拆装为例进行介绍。

（一）配气机构的拆卸

桑塔纳轿车的配气机构装配在气缸盖上，气缸盖的分解顺序如下（见图 7-1）。

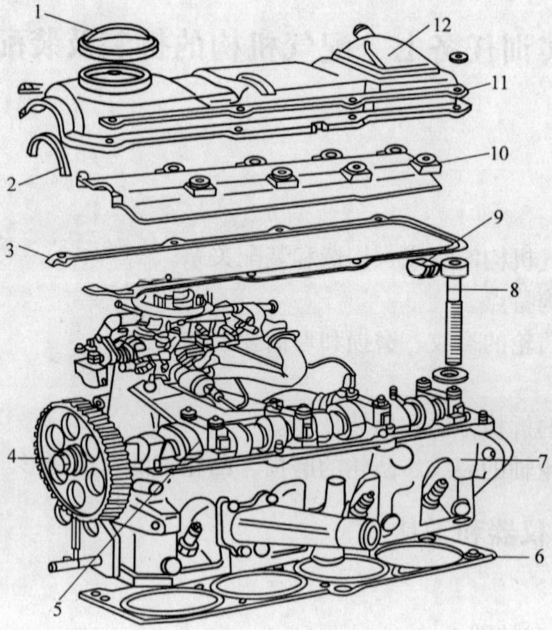

图 7-1 1. 8LJV 型发动机气缸盖的分解示意图

1—加油口盖 2—气门罩盖密封衬条 3—气门罩盖衬垫 4—凸轮轴同步带轮 5—凸轮轴 6—气缸盖衬垫 7—气缸盖 8—气缸盖螺栓 9—半圆键 10—润滑油反射罩 11—气门罩盖压条 12—气门罩盖

1）拆卸加油口盖。

2）拆卸气门罩盖，分次逐渐松开紧固螺母。

3）取下气门罩盖压条、密封条及衬垫。

4）拆卸润滑油反射罩。

5）取下半圆塞。

6）拆卸凸轮轴前端同步带轮紧固螺母，取下凸轮轴同步带轮及半圆键。

7）先拆第 1、3、5 轴承盖固定螺栓，然后对角交替松开第 2、4、6 轴承盖固定螺栓。

8）拆下轴承盖。

9）拆卸凸轮轴（见图 7-2），再将轴承盖按原位装回，以免错位。

10）取下液压挺柱总成。

11）检查气门顶部有无标记，若没有，应按顺序用钢字做出标记。

12）用专用压具压下气门弹簧（直接压气门锁片座圈），取下气门锁片，如图 7-3 所示。

13）取下气门弹簧、气门锁片座圈，如图 7-4 所示。

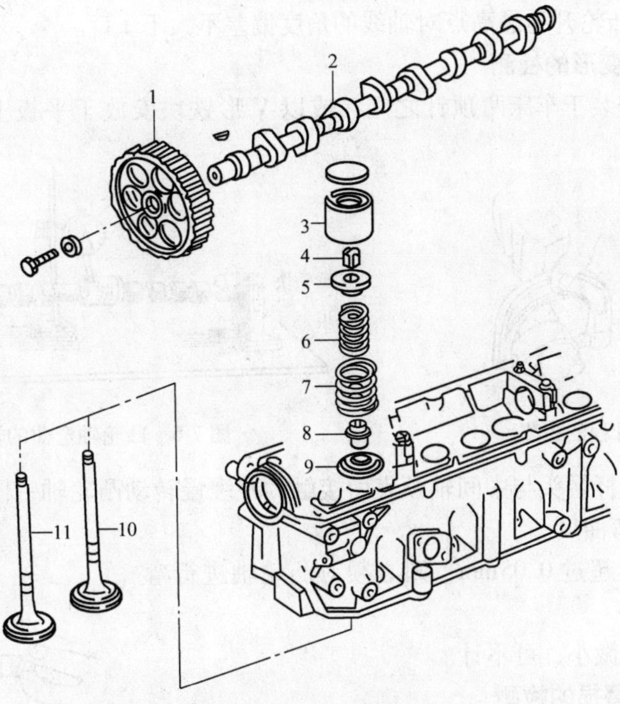

图 7-2　凸轮轴与进、排气门的位置关系

1—凸轮轴正时齿轮　2—凸轮轴　3—液压挺柱　4—气门锁片　5—气门锁片座圈　6—气门内弹簧　7—气门外弹簧　8—气门油封　9—弹簧座　10—进气门　11—排气门

图 7-3　气门弹簧的拆卸

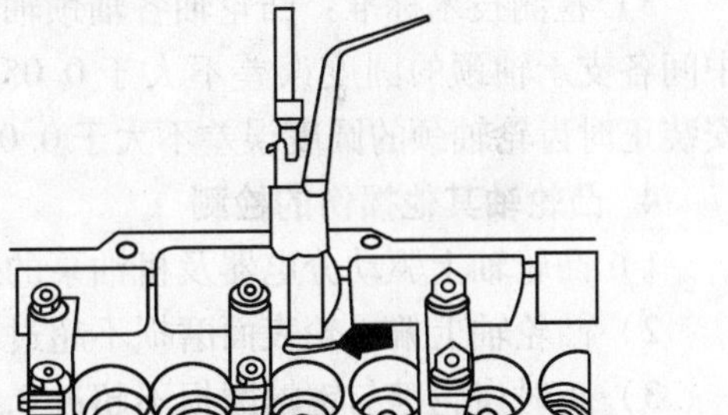

图 7-4　气门弹簧、气门锁片座圈的拆卸

14）拆卸气门及气门油封。

15）分解完毕后，将零件进行清洗、分类和检验。

（二）凸轮轴的检测

1. 凸轮损伤的检测（以丰田轿车为例）

凸轮的损伤形式有凸轮工作表面磨损、擦伤和点蚀（疲劳剥落）。

（1）凸轮的擦伤和疲劳剥落的检查　一般可用目视的方法检查其表面是否有擦伤和剥落的现象。

（2）凸轮升程的检测　用外径千分尺测量凸轮全高，如图 7-5 所示。凸轮顶点中心线到基圆最低点距离如果小于标准值 0. 50mm，则为磨损。

（3）其他检测　凸轮进、排气门开、闭升程的极限偏差为 ±0. 05mm；各凸轮开闭角偏

差不大于 ±2°；各凸轮升程最高点对轴线的角度偏差不大于 ±1°。

2. 凸轮轴弯曲变形的检测

1）将凸轮轴安装于车床两顶针之间，或以 V 形铁块安放于平板上，以两端轴颈作支点，如图 7-6 所示。

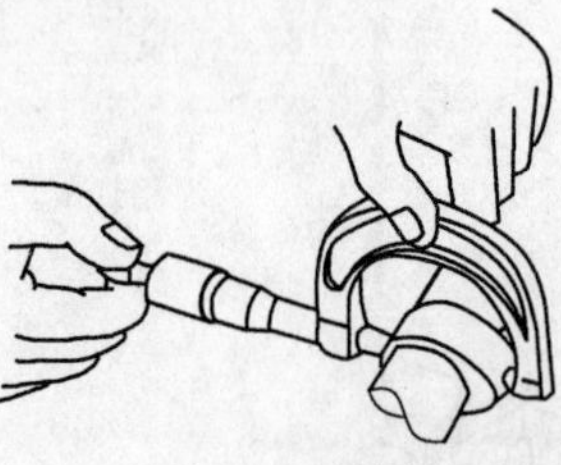

图 7-5 凸轮升程的检测

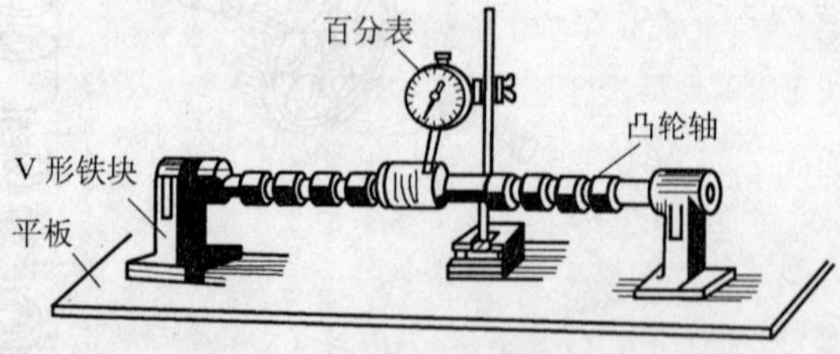

图 7-6 凸轮轴弯曲的检测

2）用百分表测杆触头与中间轴颈表面接触，并缓慢转动凸轮轴一圈，测得百分表最大摆差，即为凸轮轴弯曲度。

3）如果弯曲度超过 0. 05mm，则必须对凸轮轴进行弯曲校正。

4）扭转一般极微小，可不计。

3. 凸轮轴轴颈磨损的检测

1）用外径千分尺测量轴颈直径，如图 7-7 所示。

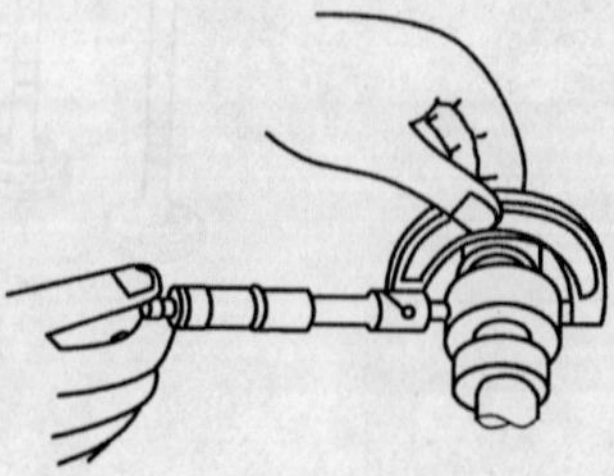

图 7-7 凸轮轴轴颈直径的测量

2）计算轴颈的圆度和圆柱度误差。

3）检测技术标准：凸轮轴各轴颈轴线应一致，所有轴颈的圆柱度误差不大于 0. 01mm；中间各支承轴颈的圆度误差不大于 0. 05mm，各凸轮基圆部分的圆度误差不大于 0. 08mm，安装正时齿轮轴颈的圆度误差不大于 0. 04mm。

4. 凸轮轴其他损伤的检测

1）凸轮轴上驱动分电器及机油泵的传动齿轮齿厚磨损不超过 0. 05mm。

2）凸轮轴上偏心轮表面磨损不超过 0. 50mm。

3）正时齿轮键与键槽磨损不超过 0. 12mm。

4）凸轮轴装正时齿轮固定螺母的螺纹损坏不得多于 2 牙。

5）止动垫块的端面跳动量不大于 0. 03mm。

（三）摇臂轴的装配

1. 清洁

清洗并吹干摇臂轴上的各个零件，检查摇臂轴油孔、油槽是否畅通，如果有污垢阻塞现象，必须清理干净。摇臂轴的油孔和油槽如图 7-8 所示。

2. 外观检视

1）检视支座（轴承盖）接合面的磨损和不平情况，以及摇臂的轴承孔和螺栓孔的磨损、不圆等情况。如果超过标准，应予以修整。

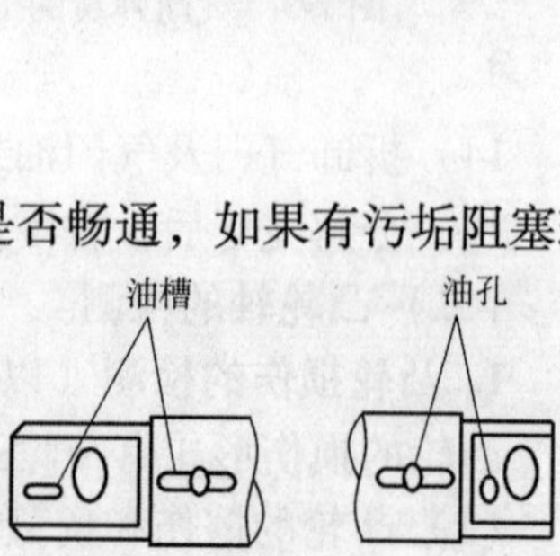

图 7-8 摇臂轴的油孔和油槽

2）将清洗、吹干并检查过的摇臂轴上的各个零件浸泡于润滑油盆中，以备装配时使用。

3. 摇臂轴的组装

1）根据发动机气门的布置进行装配。摇臂轴的结构如图 7-9 所示。

①装配有锁紧螺钉的支座。支座上有油孔，应与摇臂轴上的油孔相对。

②以上述支座为中心，按图7-9所示结构，先将支座左侧的零件装配好，再装配右侧的零件。

③按照摇臂、压缩弹簧、摇臂、支座的顺序装配，直至将摇臂、支座、压缩弹簧全部安装在摇臂轴上。

注意：1、3缸摇臂上有凸点标记，不能装错位置。

④在两端各装上1个锥形弹簧和卡簧。

2）把摇臂的气门间隙调整螺钉调至最高位置，以免装配中顶弯推杆或直接压气门而造成装配困难。

3）将装配好的摇臂轴装配到发动机盖上，按规定力矩拧紧固定螺栓。

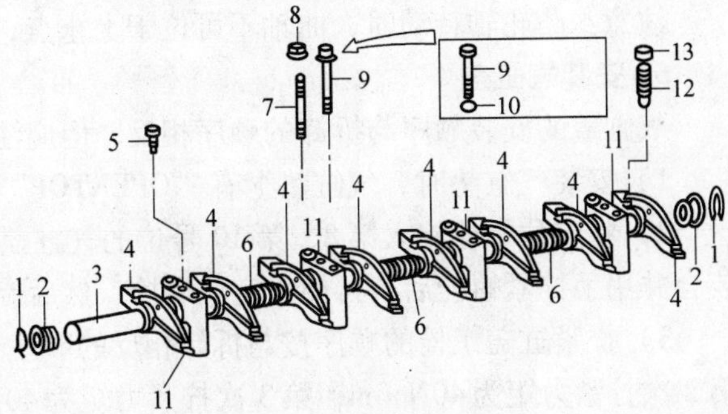

图7-9　摇臂轴的结构

1—止动弹簧　2—锥形弹簧　3—摇臂轴　4—摇臂　5—锁紧螺钉　6—压缩弹簧　7—摇臂支座双头螺栓　8—螺母　9—摇臂支座固定螺栓　10—垫圈　11—摇臂轴支座　12—气门调整螺钉　13—气门调整螺母

4）调整气门间隙。

5）安装气缸盖罩，并连接曲轴箱通风管和分电器真空管。

（四）配气机构的组装

1. 安装气门

装上气门后，在气门导管上装上新的气门油封。安装气门油封时（见图7-10），应先套上塑料保护套，最好用专用工具压入。气门杆部先涂以润滑油，插入导管中时不要损伤油封。装上气门弹簧和气门锁片后，用塑料锤轻敲几下，以确保气门锁片安装可靠（凡是使用过的锁片不许再次使用）。

2. 检查凸轮轴轴向间隙（见图7-11）

测量轴向间隙时，不装液力挺柱，装好1号和5号轴承盖。轴向间隙应不大于0.15mm。

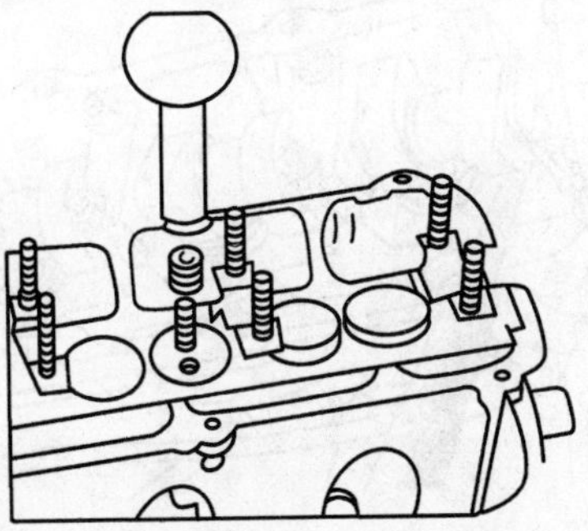

图7-10　气门油封的安装

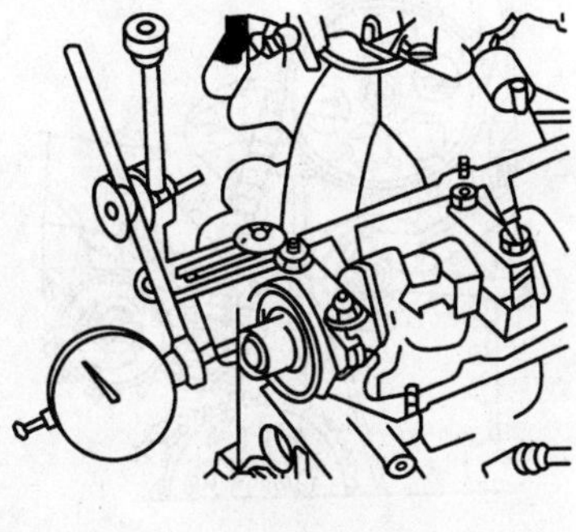

图7-11　凸轮轴轴向间隙的检查

3. 装入液压挺柱总成

4. 安装凸轮轴和油封

1）安装凸轮轴时，1缸的凸轮必须朝上。

2）安装凸轮轴轴承盖时，注意轴孔上、下两部分必须对准。

3）将凸轮轴放到各轴承座上，按与拆卸相反的顺序安装、紧固轴承盖。拧紧力矩为20N·m。

4）用专用工具安装凸轮前油封时，不要压到底，否则会堵塞油道。

5）放入半圆键，安装凸轮轴正时齿轮并加以紧固。拧紧力矩为80N·m。

注意：凸轮轴转动时，曲轴不可位于上止点，否则将损坏气门和活塞顶部。

5. 安装气缸盖

气缸盖的安装顺序与拆卸的顺序相反，但应注意以下几点：

1）安装气缸垫时，气缸垫上有“OPENTOP”字样的一面朝向气缸盖。

2）将定位螺栓旋入第8、第10号位的气缸盖螺栓孔内，以便起到定位作用。待气缸盖装合并用手拧紧螺栓后，再旋出定位螺栓，然后旋入第8、第10号螺栓。

3）拧紧缸盖螺栓的顺序按与拆卸相反的顺序分4次进行；第1次拧紧力矩为40N·m；第2次拧紧力矩为40N·m；第3次拧紧力矩为40N·m；第4次用扳手转动1/4圈。使用中不允许将缸盖螺栓再次拧紧。

4）安装气缸盖时，各缸活塞不可置于上止点，否则气门会顶坏活塞。当任一活塞被确认为处于上止点时，必须再旋转1/4圈。

5）将润滑油道清洗干净，并用压缩空气吹通。

6. 安装正时同步带

1）将同步带套在曲轴和中间轴同步带轮上。

2）装上曲轴带盘（螺栓不必拧紧），注意带盘的定位。

3）将凸轮轴同步带轮上的标记与同步带护罩上的标记对齐。

4）使曲轴带盘上的上止点标记和中间轴同步带轮上的标记对齐。

5）将同步带套在凸轮轴同步带轮上。

6）按图7-12所示转动张紧轮来张紧同步带，张紧至用手指捏在同步带中间（凸轮轴同步带轮和中间轴同步带轮的中间）刚好可以扭转90°为止。

7）拧紧中间轮紧固螺母，转动曲轴两周（见图7-13），再次检查正时标记是否正确。

图7-12 同步带张紧度的检查

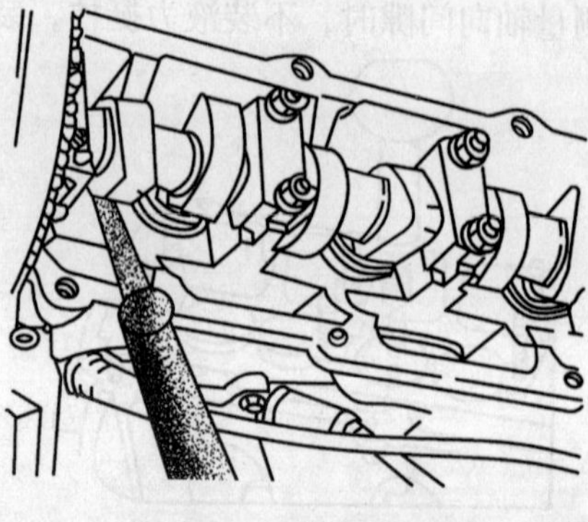

图7-13 转动曲轴

8）拆下曲轴V带盘，装上同步带下护罩，再安装V带盘，并以20N·m的力矩拧紧固定螺栓。

五、注意事项

1）气门弹簧和锁片拆装用气门弹簧装卸钳。锁片装好后，用塑料锤轻敲几下，以确保锁止可靠。用尖嘴钳夹取气门锁夹，禁止用手取出。内、外弹簧的旋向应相反。

2）各缸气门无互换性，拆下的气门若无记号，应做好相应的标记，按缸号顺序放在零件安放架上，不得错乱。

3）拆装凸轮轴轴承盖时，注意轴承盖的顺序、方位，勿错乱。拧紧轴承盖紧固螺栓时，要按要求的顺序（从中间到两头，对角交替）和力矩分次均匀地拧紧；旋松时，以相反方向进行。

4）安装正时齿形带-带轮（或正时链-链轮）时，应将正时记号对准，正时齿形带的方向要与原方向一致。

六、评分标准

序号	考核项目	配分	考核内容	评分标准	扣分	得分	考核记录
1	工作态度	10	迟到、早退、旷工	迟到、早退每次扣5分，旷课一节扣10分			
			嬉戏打闹	酌情扣分			
			认真、严谨、团结、协作	酌情给分			
2	安全文明操作	10	遵守安全操作规程，正确使用工具、量具，保持操作现场整洁	酌情给分			
			安全用电、火，无人身、设备事故	若因违规操作发生重大人身和设备事故，按0分计			
3	考核过程	20	配气机构的拆卸	根据操作内容是否正确酌情给分			
		15	凸轮轴弯曲变形的检测	根据操作内容是否正确酌情给分			
		15	用外径千分尺测量凸轮轴轴颈直径	根据操作内容是否正确酌情给分			
		20	配气机构的装配	根据操作内容是否正确酌情给分			
4	考核结果	10	任务完成时间	酌情给分			
			任务完成质量	酌情给分			
5	分数	100					

七、实训报告

实训项目：________

姓名：________ 学号：________	班级：________ 日期：________

一、工具和材料

答：________________

（续）

二、实训练习

1. 凸轮轴的作用有哪些？

答：

2. 摇臂轴的组装顺序是怎样的？

答：

3. 配气机构拆装的注意事项有哪些？

答：

三、指导教师评语

实训任务八　气门间隙的调整

一、实训目标

1. 知识目标

通过对本田雅阁发动机气门间隙的调整，掌握气门间隙调整的原则和方法。

2. 技能目标

1）会使用塞尺测量气门间隙值。

2）能够对可调气门间隙进行熟练的调整。

二、实训设备、仪器和工具

1. 实训设备

本田雅阁发动机 1 台。

2. 实训工具

气门拆装和调整工具 1 套。

三、相关知识

1. 气门间隙的作用

如果没有气门间隙，冷态时气门关闭严密，但当发动机起动后温度升高，气门及传动件受热膨胀伸长，便会把气门顶开，使气门关闭不严。为此，要留有供机件热膨胀用的间隙，以确保气门关闭严密。

2. 气门间隙的定义

发动机冷态装配时，在气门与其传动件之间留有适当的间隙，以补偿气门受热后的膨胀量。这一间隙通常称为气门间隙。

3. 气门间隙的调整原则

气门间隙调整时，挺柱（或摇臂短臂端头）落在凸轮的基圆上，也就是正在进气、将要进气、进气刚结束的进气门不能调整；正在排气、排气刚结束的排气门不能调整。

四、实训操作

下面以广州本田雅阁汽车发动机气门间隙的检查与调整为例介绍气门间隙的调整。

操作时气缸盖的温度要求必须低于 38℃，该汽车气门间隙的调整规定使用“逐缸法”。

1）拆下缸盖罩。

2）使 1 缸活塞处于压缩行程上止点位置，即使凸轮轴带轮上的“UP”标记朝向正上方（此时带轮上的两个上止点凹槽标记应恰好与缸盖上平面平齐），如图 8-1 所示。

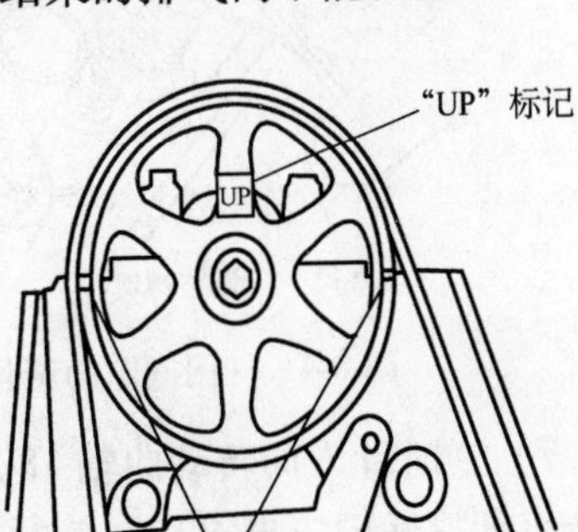

图 8-1　1 缸活塞压缩行程上止点位置标记

3）使用塞尺检查图 8-2 和图 8-3 所示 1 缸所有气门的间隙。进气门间隙应为 0. 20mm，排气门间隙应为 0. 25mm。

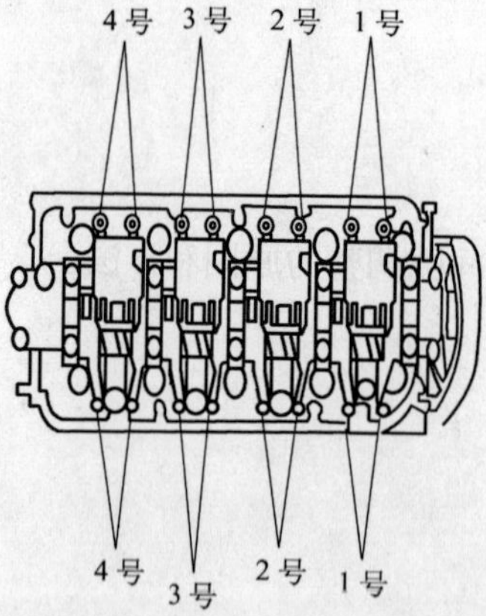

图 8-2 气门间隙的检查（一）

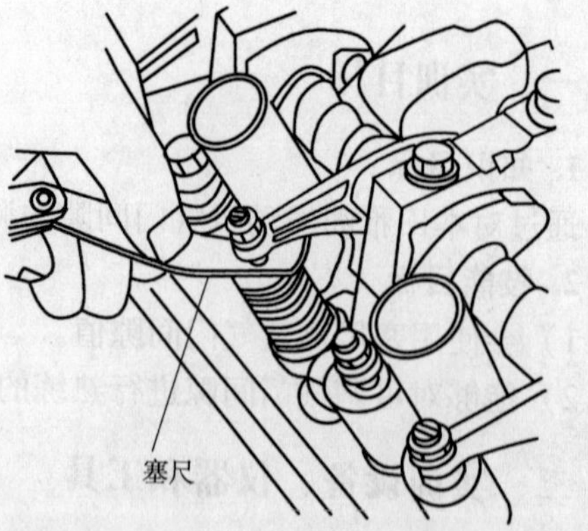

图 8-3 气门间隙的检查（二）

4）若气门间隙不符合上述要求，则应拧松锁紧螺母，旋动调整螺钉进行调整（间隙小时，应逆时针旋松调整螺钉；间隙大时，应顺时针旋进调整螺钉），直到前后推拉塞尺时感觉有轻微阻力为止，如图 8-4 所示。

5）拧紧调整螺母（注意防止调整螺钉跟随转动），并再次检查气门间隙，必要时重新进行调整。

6）逆时针方向转动曲轴 180°（凸轮轴带轮转动 90°），使“UP”标记处于排气歧管侧且对正缸盖上平面（3 缸活塞处于压缩行程上止点），此时，可按上述方法检查调整 3 缸所有气门的间隙，如图 8-5 所示。

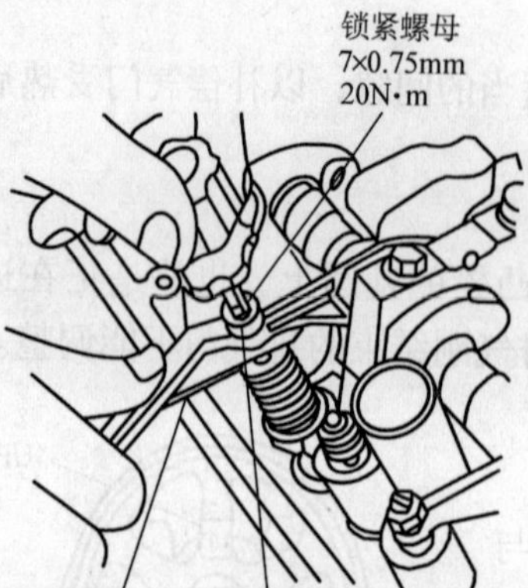

图 8-4 气门间隙的调整

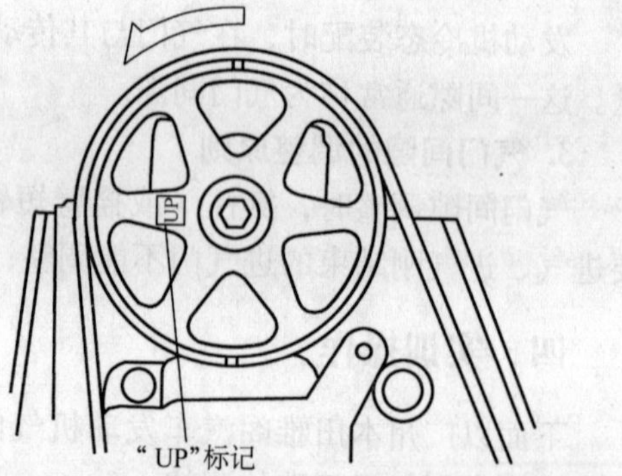

图 8-5 3 缸活塞压缩行程上止点位置标记

7）逆时针方向转动曲轴 180°，使“UP”标记朝向正下方（此时凸轮轴带轮上的两个上止点凹槽标记应再次与缸盖的上平面平齐，4 缸活塞处于压缩行程上止点），此时，可以检查调整 4 缸所有的气门间隙，如图 8-6 所示。

8）逆时针方向转动曲轴 180°，使“UP”标记处于进气歧管侧且正对缸盖上平面（2 缸活塞处于压缩行程上止点），此时，可检查调整 2 缸所有气门的间隙，如图 8-7 所示。

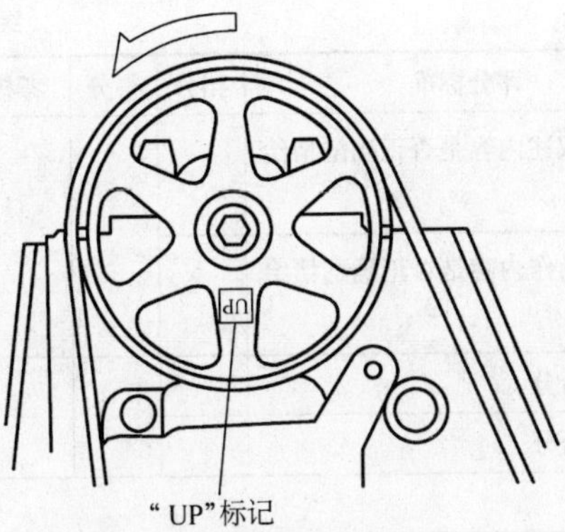

图 8-6 4 缸活塞压缩行程上止点位置标记

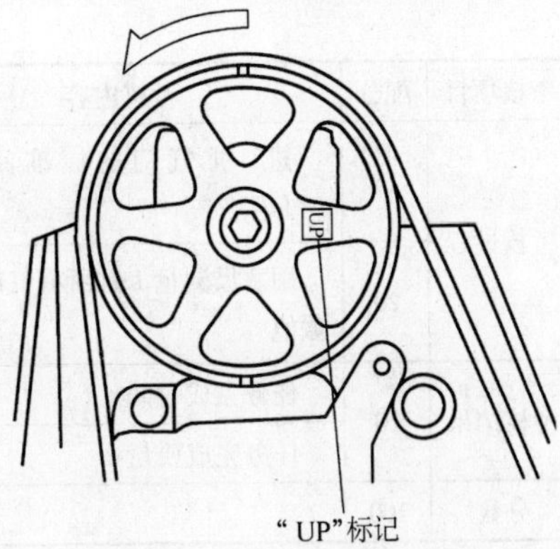

图 8-7 2 缸活塞压缩行程上止点位置标记

9）调好间隙后，应反复检查，直到符合规定为止。

五、注意事项

1）调整时，应注意温度影响（气门摇臂、气门杆的温度会对气门间隙产生影响）。一般来说，热机时气门间隙值应比冷机时要求的间隙值小。有些汽车要求在冷机时调整气门间隙，有的汽车在热、冷态时均可调整，但其间隙值各不相同。

2）各缸气门间隙应调整一致，以免在工作中发动机运转不平衡。

3）调整气门间隙时，所调的气门应完全在关闭状态，这时调整的间隙值才是准确的。

4）调整前，应注意检查摇臂头工作面。发动机工作中，摇臂头弧形工作面不断地与气门杆端部撞击、滑磨，在润滑不良的情况下会引起磨损，磨出凹坑；严重时，气门杆端部会卡入凹坑而使摇臂折断，所以应根据磨损情况予以修复或更换新件，以免影响其调整的准确性。

六、评分标准

序号	考核项目	配分	考核内容	评分标准	扣分	得分	考核记录
1	工作态度	10	迟到、早退、旷工	迟到、早退每次扣 5 分，旷课一节扣 10 分			
			嬉戏打闹	酌情扣分			
			认真、严谨、团结、协作	酌情给分			
2	安全文明操作	10	遵守安全操作规程，正确使用工具、量具，保持操作现场整洁	酌情给分			
			安全用电、火，无人身、设备事故	若因违规操作发生重大人身和设备事故，按 0 分计			
3	考核过程	20	气门间隙调整的过程（口述）	根据叙述内容是否正确酌情给分			
		15	指出 1 缸压缩行程上止点标记（口述）	根据叙述内容是否正确酌情给分			

（续）

序号	考核项目	配分	考核内容	评分标准	扣分	得分	考核记录
3	考核过程	15	进、排气门的标准间隙值（口述）	根据叙述内容是否正确酌情给分			
		20	用塞尺测量1缸所有气门的间隙值	根据操作内容是否正确酌情给分			
4	考核结果	10	任务完成时间	酌情给分			
			任务完成质量	酌情给分			
5	分数	100					

七、实训报告

实训项目：________

姓名：________ 班级：________

学号：________ 日期：

一、工具和材料

答：________

二、实训练习

1. 气门间隙的调整原则是什么？

答：________

2. 为何进气门和排气门的大小不一样？

答：________

3. 气门间隙调整的注意事项有哪些？

答：________

三、指导教师评语

____

项目四　燃油供给系统的拆装与调试

实训任务九　电控汽油机总体结构认识

一、实训目标

1. 知识目标

1）了解发动机电子控制系统的总体组成。

2）了解发动机电子控制系统的工作原理。

2. 技能目标

1）根据实物指出电控汽油喷射系统的三大组成部分。

2）识别发动机电子控制系统的主要传感器和执行器。

二、实训设备、仪器和工具

1. 实训设备

丰田电喷发动机故障实验台 1 台，动态或静态解剖发动机台架 1 台，桑塔纳时代超人实验台架 1 台。

2. 实训工具

常用工具 5 套。

三、相关知识

电子控制单元通过进气歧管绝对压力传感器或空气流量计的信号计算进气量，并根据进气量和发动机的转速获得基本喷油持续时间和基本点火提前角，然后通过冷却液温度、进气温度、节气门开启角度、蓄电池电压等各种工作参数进行修正，得到发动机在这一工况下运行的最佳喷油持续时间或最佳点火提前角。

电喷汽车的发动机控制是由发动机电子控制系统来完成的，其主要功能是控制进气量与喷油量的空燃比、喷油时刻与点火时刻；除此之外，还控制发动机的冷热车起动、怠速转速、最大转速、废气再循环、二次空气喷射、爆燃、电动燃油泵、故障自诊断以及给其他电控系统发送状态信号等功能。

电控燃油喷射系统由空气供给系统、燃油供给系统和电子控制系统组成。电控汽油喷射系统的基本结构如图 9-1 所示。

1. 空气供给系统

（1）功用　为发动机提供清洁的空气并控制发动机正常工作时的进气量。

（2）组成和原理　发动机工作时，空气经空气滤清器过滤后，通过空气流量计（L 型）节气门体进入进气总管，再通过进气歧管分配给各缸。图 9-2 所示为 L 型空气供给系统的组成，图 9-3 所示为 D 型空气供给系统的组成。

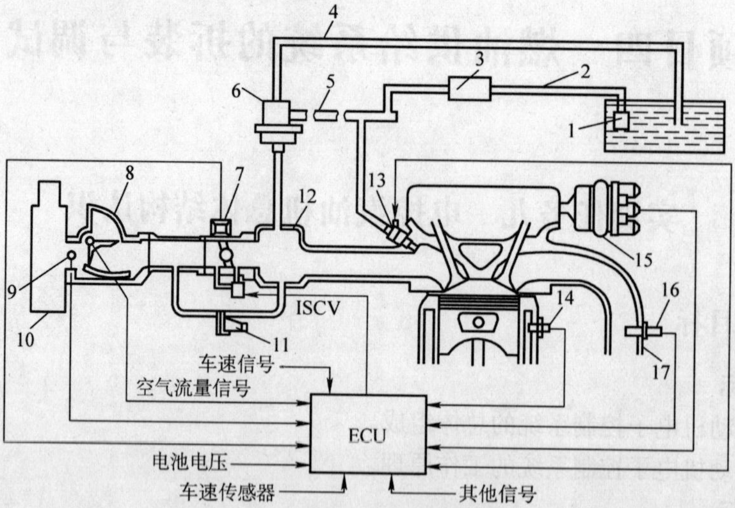

图 9-1 电控汽油喷射系统基本结构

1—电动汽油泵 2—输油管 3—汽油滤清器 4—回油管 5—供油总管 6—燃油压力调节器 7—节气门位置传感器 8—空气流量计 9—进气温度传感器 10—空气滤清器 11—怠速空气控制阀 12—进气总管 13—喷油器 14—冷却液温度传感器 15—曲轴位置传感器 16—氧传感器 17—排气管

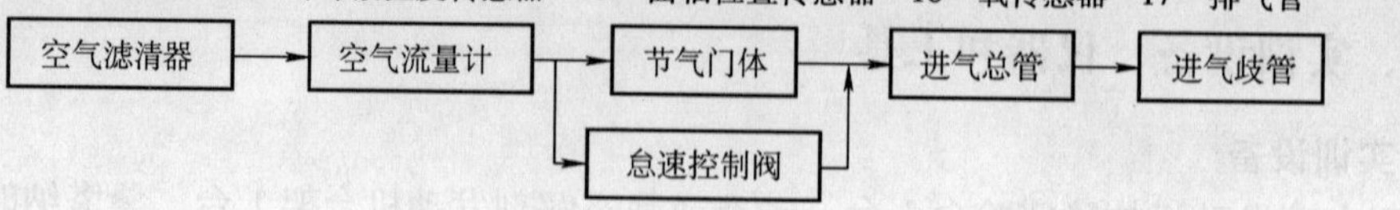

图 9-2 L 型空气供给系统的组成

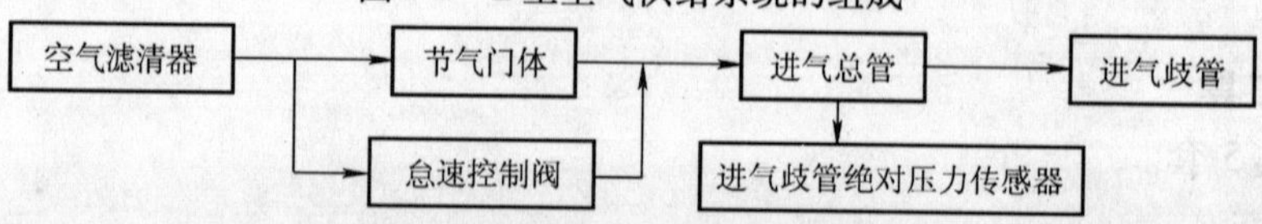

图 9-3 D 型空气供给系统的组成

1）空气流量计：分为翼片式（见图 9-4a、b）、卡门旋涡式、热线式（见图 9-5a、b）和热膜式。

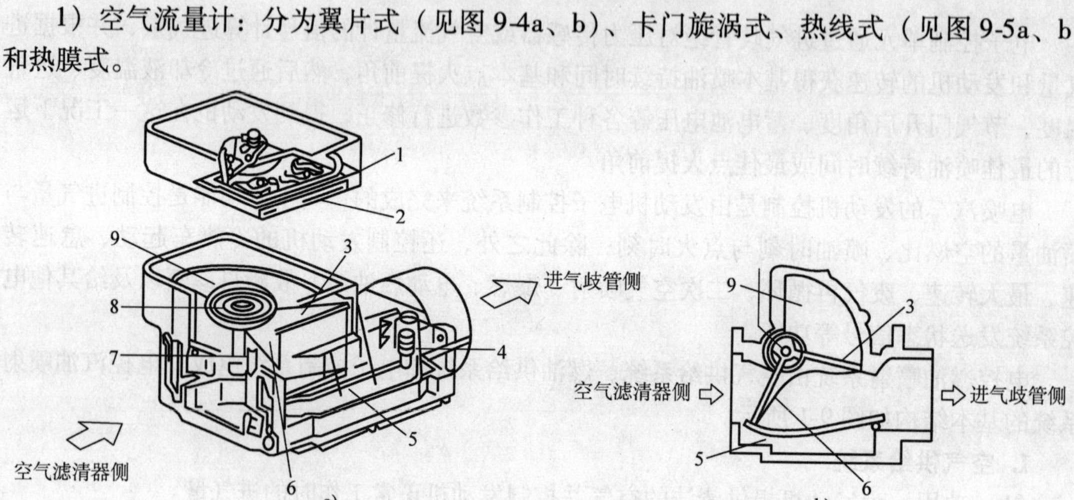

图 9-4 翼片式空气流量计

1—电位计 2—电插头 3—缓冲叶片 4—调整螺钉 5—旁通道 6—测量叶片 7—进气温度传感器 8—回位弹簧 9—缓冲室

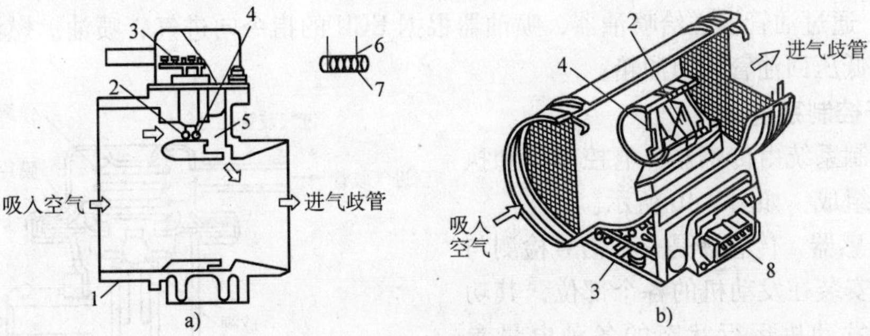

图 9-5　热线式空气流量计

1—空气流量计壳体　2—白金热线　3—控制线路板　4—温度补偿电阻（冷线）
5—旁通道　6—热线与冷线　7—陶瓷绕线管　8—电插头

2）进气歧管绝对压力传感器：分为压敏电阻式和三线可变电阻式。

3）节气门体：带节气门位置传感器，如图 9-6 所示。

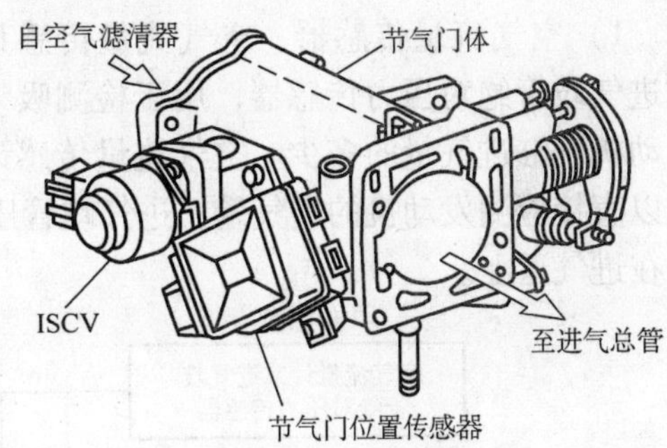

图 9-6　节气门体

4）怠速空气阀和怠速控制装置。

2. 燃油供给系统

燃油供给系统的组成如图 9-7 所示。

（1）功用　供给喷油器（见图 9-8）一定压力的燃油，喷油器根据 ECU 的指令喷油。

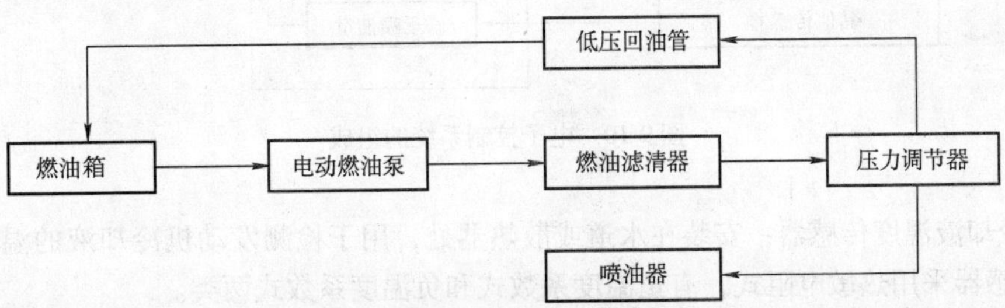

图 9-7　燃油供给系统的组成

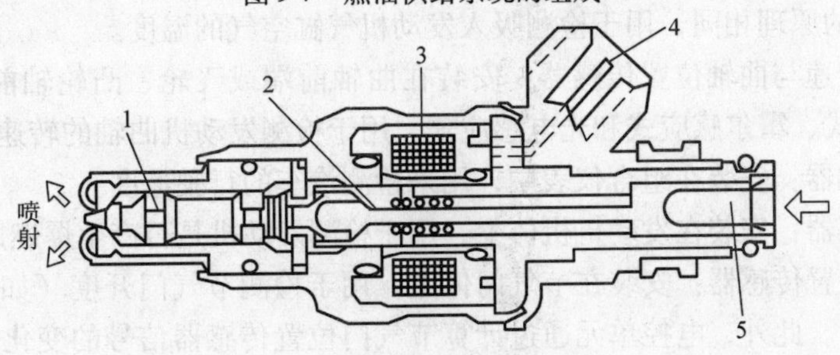

图 9-8　喷油器

1—针阀　2—电磁衔铁　3—电磁线圈　4—电插头　5—滤网

（2）原理　电动燃油泵将汽油从油箱内吸出，经滤清器过滤后，由压力调节器（见图

9-9）调压，通过油管输送给喷油器，喷油器根据 ECU 的指令向进气管喷油。燃油泵供给的多余汽油经低压回油管流回油箱。

3. 电子控制系统

电子控制系统由传感器、电控单元和执行器三部分组成，如图 9-10 所示。

（1）传感器　传感器是一种信号检测与转换装置，安装在发动机的各个部位，其功能是：检测发动机运行状态的各种电量参数、物理量和化学量等，并将这些参量转换成计算机能够识别的电量信号输入电控单元。

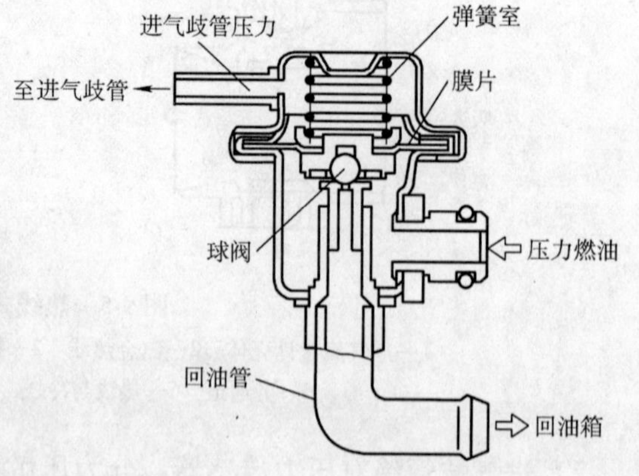

图 9-9　燃油压力调节器

1）空气流量传感器：空气流量传感计或进气歧管绝对压力传感器，用于检测吸入发动机气缸进气量的多少。空气流量传感计可以直接检测发动机的进气量，进气歧管压力传感器只能间接检测发动机的进气量。它们安装在进气道上。

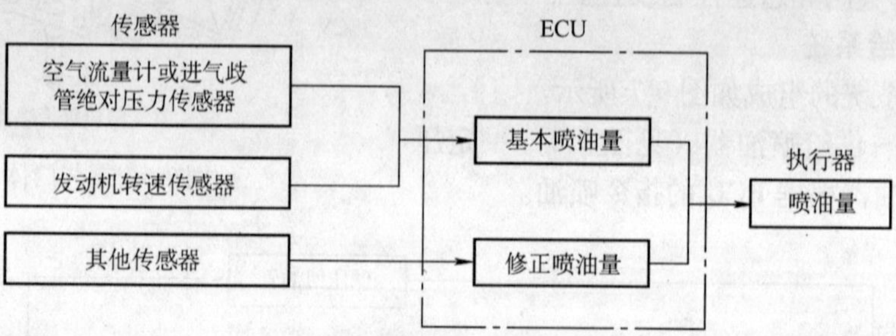

图 9-10　电子控制系统的组成

2）冷却液温度传感器：安装在水道或散热器处，用于检测发动机冷却液的温度。冷却液温度传感器采用热敏电阻式，有正温度系数式和负温度系数式两类。

3）进气温度传感器：安装在空气滤清器或节气门体处，常用热敏电阻式，其原理与冷却液温度传感器的原理相同，用于检测吸入发动机气缸空气的温度。

4）发动机转速与曲轴位置传感器：安装在曲轴前端或飞轮、凸轮轴前端或分电器内，主要有电磁感应式、霍尔感应式和光电感应式，用于检测发动机曲轴的转速和转角。

5）车速传感器：安装在组合仪表中，用来检测汽车的行驶速度。

6）爆燃传感器：安装在发动机机体上，用于检测发动机是否产生爆燃以及爆燃强度。

7）节气门位置传感器：安装在节气门体上，用于检测节气门开度（如节气门关闭、部分开启和全开等）。此外，电控单元通过计算节气门位置传感器信号的变化率，便可得到汽车加速或减速信号。

8）氧传感器：安装在排气管处，用于检测排气管排出废气中氧离子的含量来反映可燃混合气空燃比的大小。

（2）电子控制单元　电子控制单元（Electronic Control Unit，ECU）又称为电子控制器，俗称电脑，简称 ECU，是发动机电子控制系统的核心部件。其功能是根据各种传感器和控制开关输入的信号参数，对喷油量、喷油时刻和点火时刻等进行实时控制。

电控单元主要由输入回路、单片微型机（单片机）和输出回路三部分组成。

发动机电控单元的主要功用是接收各种传感器和控制开关输入的发动机工况信号，根据电控单元内部预先编制的控制程序和存储的试验数据，通过数学计算和逻辑判断确定适合发动机工况的喷油时间和点火提前角等参数，并将这些参数转换为电信号控制各种执行元件完成执行动作，从而使发动机保持最佳运行状态。

发动机工作时，空气流量传感器检测进入发动机的进气量信号，曲轴位置传感器检测发动机曲轴的转速信号，节气门位置传感器检测驾驶人操作的节气门开度信号，这 3 个信号作为计算确定燃油喷射量的主要信息输入 ECU，再由 ECU 计算确定基本喷油量。与此同时，ECU 根据冷却液温度传感器、进气温度传感器和氧传感器等输入的信号计算确定辅助喷油量，用以对基本喷油量进行必要的修正，最终确定实际喷油量。当实际喷油量确定后，ECU 根据曲轴位置传感器输入的曲轴转速和转角信号确定最佳喷油时刻和最佳点火时刻，并向执行器发出控制指令，控制喷油器、点火线圈等动作，实现相应的控制功能。

发动机电子控制系统常用开关信号有以下几种：

1）起动开关信号。起动开关信号（STA）用于判断发动机是否处于起动状态。

2）空档起动开关信号。用于 ECU 识别变速器是处于“P”或“N”位置（驻车或空档），还是处于行驶状态。

3）空调信号。空调信号（A/C）用来检测空调压缩机是否工作。

（3）执行器　执行器又称为执行元件，是控制系统的执行机构，其功用是接受 ECU 发出的控制指令并完成具体的执行动作，从而使发动机处于最佳的运行状态。

发动机电子控制系统常用的执行器有以下几种：

1）电动燃油泵：用于供给发动机电子控制系统规定压力的燃油。

2）电磁喷油器：用于接收 ECU 发出的喷油脉冲信号，按给定的燃油喷射量进行喷油。

3）点火控制器和点火线圈：用于接收电控单元发出的控制指令，适时接通或切断点火线圈一次绕组电流，并产生高压电点着可燃混合气。

4）怠速控制阀：装在节气门旁通空气孔上，其功用是根据 ECU 控制信号来改变旁通节气门体至进气歧管的空气量，以维持怠速的稳定性。

5）废气再循环（EGR）阀：用于降低 NO_x 排放量。其基本原理是：将 5% ~20% 的废气引入进气管，与新鲜混合气一起进入燃烧室，使最高燃烧温度降低，从而减少 NO_x 的生成量。

6）活性炭罐电磁阀：发动机工作时，ECU 根据发动机的转速、温度、空气流量等信号，控制活性炭罐电磁阀的动作来控制排放电磁阀上部的真空度，从而控制排放电磁阀的开闭动作。当排放控制阀打开时，汽油蒸气通过阀中的定量排放小孔吸入进气歧管，然后进入气缸中燃烧。

四、注意事项

1）遵守实验室规章制度，未经许可，不得移动和拆卸仪器与设备。

2）注意人身安全和教具完好。

3）未经许可，严禁擅自扳动教具、设备的电器开关、点火开关和起动开关。

五、评分标准

序号	考核项目	配分	考核内容	评分标准	扣分	得分	考核记录
1	工作态度	10	迟到、早退、旷工	迟到、早退每次扣5分，旷课一节扣10分			
			嬉戏打闹	酌情扣分			
			认真、严谨、团结、协作	酌情给分			
2	安全文明操作	10	遵守安全操作规程，正确使用工具、量具，操作现场整洁	酌情给分			
			安全用电、火，无人身、设备事故	若因违规操作发生重大人身和设备事故，按0分计			
3	考核过程	15	根据实物指出电控汽油喷射系统的三大组成部分	根据叙述和操作内容是否正确酌情给分			
		20	曲轴位置传感器与转速传感器有哪3种？该车型中的传感器属于哪一种？在什么位置	根据叙述和操作内容是否正确酌情给分			
		15	介绍并找出至少3种电控汽油喷射系统的执行器	根据叙述和操作内容是否正确酌情给分			
		20	找出冷却液温度传感器的位置，并介绍其工作原理	根据叙述和操作内容是否正确酌情给分			
4	考核结果	10	任务完成时间	酌情给分			
			任务完成质量	酌情给分			
5	分数	100					

六、实训报告

实训项目：________

姓名：________ 班级：________

学号：________ 日期：________

一、工具和材料

答：________

二、实训练习

1. 发动机电子控制系统由哪几部分组成？

答：________

（续）

2. 发动机电子控制系统有哪些传感器，其安装位置是怎样的？

答：

3. 发动机电子控制系统有哪些执行器？

答：

三、指导教师评语

实训任务十 汽油发动机燃油供给系统的拆装

一、实训目标

1. 知识目标

1）掌握典型电控燃油喷射系统的工作过程。

2）掌握燃油箱、燃油滤清器的结构特点。

2. 技能目标

1）具备汽油发动机燃油供给系统拆装的技能。

2）掌握电动汽油泵、燃油滤清器、油压调节器等的拆检方法。

二、实训设备、仪器和工具

1. 实训设备

典型车型的发动机燃油供给系统。

2. 实训工具

拆装专用工具、常用拆装套筒等。

三、相关知识

电喷汽油机燃油供给系统的作用是向发动机及时地供应各种工况下所需要的燃油量。它一般包括油箱、电动汽油泵、汽油滤清器、汽油压力调节器、喷油器和冷起动喷油器等装置，有的汽车燃油供给系统中还装有汽油压力缓冲器。

在电控燃油喷射系统（EFI）中，由电动汽油泵将汽油从燃油箱中泵出，经过汽油滤清器过滤杂质，再由汽油压力调节器将压力调整到比进气管压力高一定压力值，然后经输油管配送给各喷油器和冷起动喷油器；喷油器根据 ECU 发出的喷射信号把适量汽油喷射到进气歧管中。当油路压力超过规定值时，汽油压力调节器工作，多余的汽油返回燃油箱，从而保证送给喷油器的燃油压力不变；当发动机冷却液温度低时，冷起动喷油器工作，将燃油喷入进气总管，以改善发动机低温时的起动性能。

四、实训操作

下面以帕萨特 B5 型乘用车燃油供给系统为例进行说明，其组成如图 10-1 所示。

1. 燃油箱附件的拆装

（1）燃油箱盖法兰的安装位置　法兰上的标记 1 必须与燃油箱上的标记 2 对应，如图 10-2 所示。安装燃油输送装置上的法兰以后，要检查进油管、回油管和燃油箱上的管是否还在燃油箱盖上固定良好。

（2）透气阀的检查　如图 10-3 所示，当平衡杆在静止位置时，透气阀关闭；当平衡杆朝图中箭头方向压下时，透气阀打开。在安装透气阀之前要拧下燃油箱上的透气盖。

2. 燃油输送装置的拆卸和安装

（1）拆卸

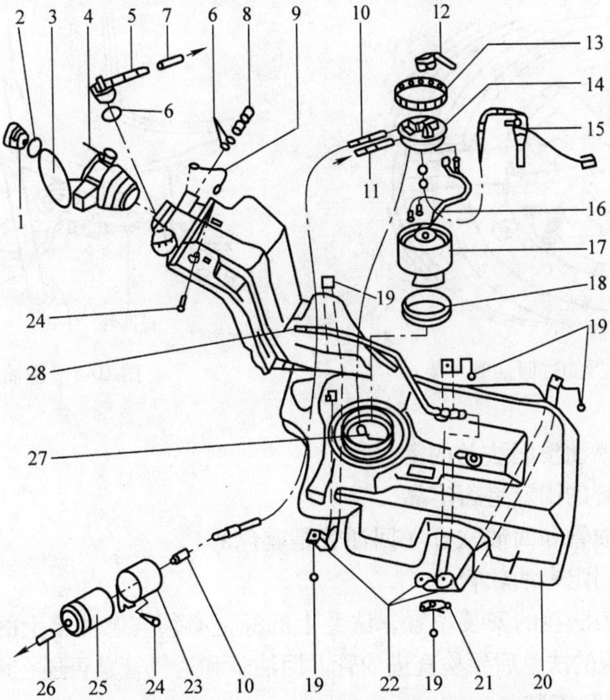

图 10-1　帕萨特 B5 型乘用车燃油供给系统的组成

1—密封盖　2、18—密封圈　3—燃油箱加油口盖　4—紧固螺栓　5—重力阀　6—O 形圈　7、28—透气管　8—透气阀　9—搭铁线　10、26—进油管　11、27—回油管　12—插头　13—紧固螺母（60N·m）　14—法兰　15—燃油量指示灯　16—输油管　17—燃油泵　19—螺栓（25N·m）　20—燃油箱　21—托架　22—夹带　23—防护套　24—螺栓（10N·m）　25—燃油滤清器

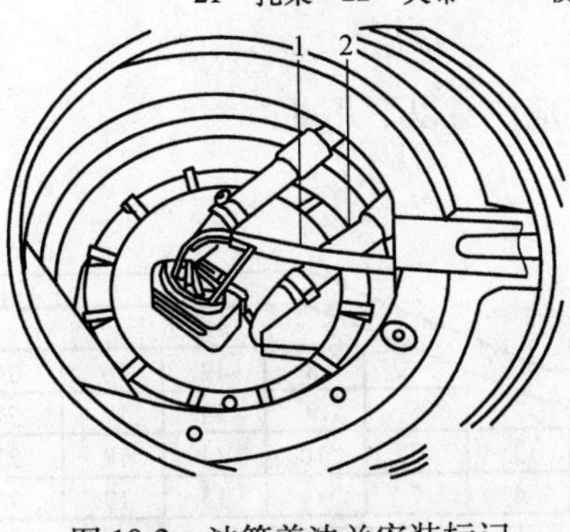

图 10-2　油箱盖法兰安装标记

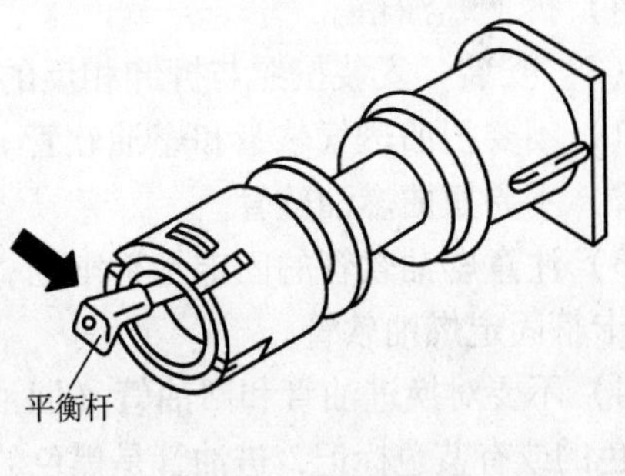

图 10-3　透气阀

1）检查是否安装有编过码的无线电设备。如果有，查询防盗编码。

2）点火开关断开时，拆下蓄电池负极接线。拔下图 10-4 中箭头所指的 4 芯插头以及进油管和回油管（见图 10-5）。

3）拧下紧固螺母，从燃油箱的开口处拆下法兰和密封圈。

4）拔下法兰下部的燃油管和插头，拆下燃油箱中挡油罩、燃油量指示器。

5）逆时针方向扳动燃油泵罩约 15°，直到被限位，拆下燃油泵罩。

（2）安装　燃油输送装置的安装按照与拆卸相反的顺序进行，并应注意以下几点：

1）在安装燃油量指示器时不要弯折。

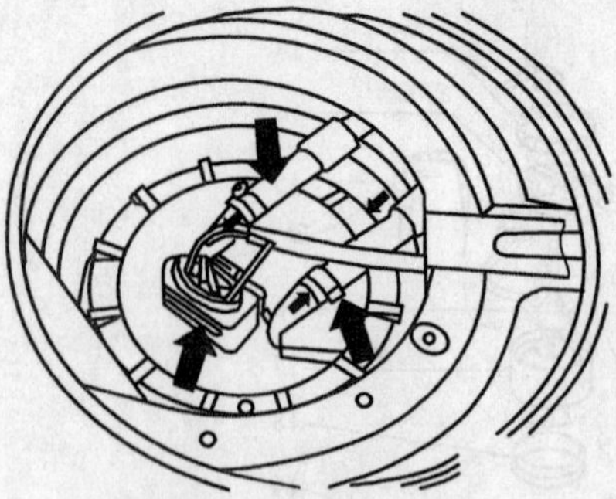

图 10-4 拆卸进回油管

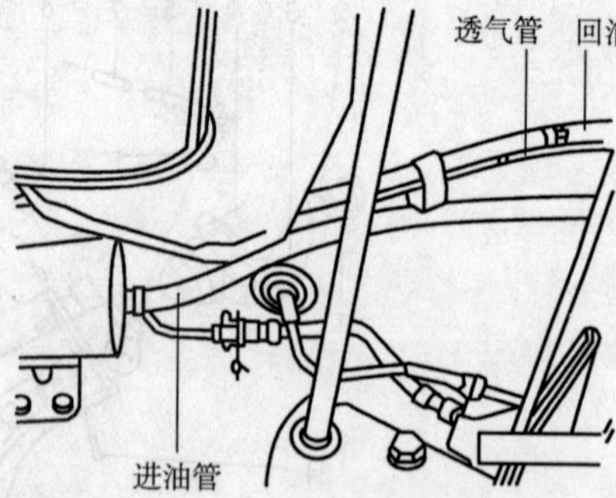

图 10-5 进油管的拆卸

2）安装时，用燃油浸润法兰的密封圈。

3）注意燃油软管的固定是否牢靠。

4）不要对换进油管和回油软管（回油管是蓝色的）。

5）用弹簧卡箍固定燃油软管。

6）注意燃油箱盖法兰的安装位置，法兰上的标记必须与燃油箱上的标记对应。

7）安装燃油箱盖的法兰后要检查进油管、回油管和透气管是否还在燃油箱盖上固定良好。

3. 燃油箱的拆卸和安装

（1）拆卸

1）拆下右后轮的挡泥板，排空燃油，并清洁燃油加油管周围。

2）拧下加油接管的紧固螺栓，从燃油滤清器入口处拔下进油管。

3）标记出回油管和透气管，并从连接处分离开。

4）拆下燃油箱。

（2）安装 安装按照与拆卸相反的顺序进行，并应注意以下几点：

1）不要扭曲透气软管和燃油软管。

2）不要扭曲燃油软管。

3）注意燃油软管的固定是否牢固，用弹簧卡箍固定燃油软管。

4）不要对换进油管和回油管（回油管是蓝色的或有蓝色标记，进油管是黑色的）。

4. 检查燃油泵

1）准备万用表 V. A. G1715、带转接器 V. A. G1348/33 的遥控器 V. A. G1348/3A 等专用工具。

2）要保证蓄电池电压不低于 11.5V，同时保证 28 号易熔丝正常。易熔丝的位置如图 10-6 所示。

3）检查燃油泵的功能和电源。短促起动起动机，应该能够听到燃油泵运转的声音。

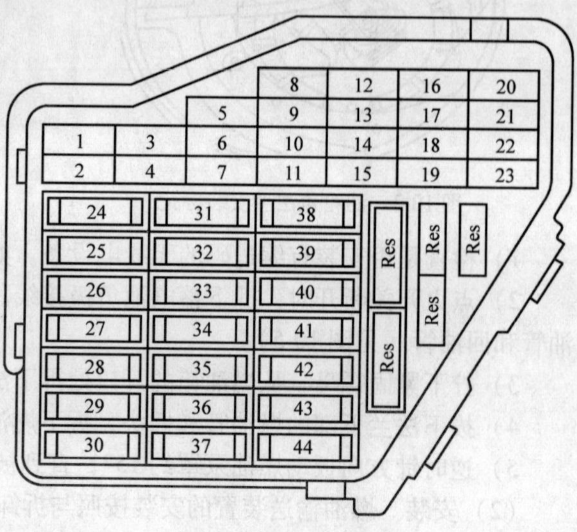

图 10-6 易熔丝的位置

4）检查燃油泵供油量。

①应保证燃油泵电源正常。

②从燃油加油套管处取下盖子，拆下进气歧管盖子。

③打开图 10-7 中箭头所指的螺纹联接件，并用抹布收集流出的燃油，给系统卸压。

④将压力表 V. A. G1318 接到进油管上，如图 10-8 所示，并把管子插入量杯中，打开压力表的截止阀。

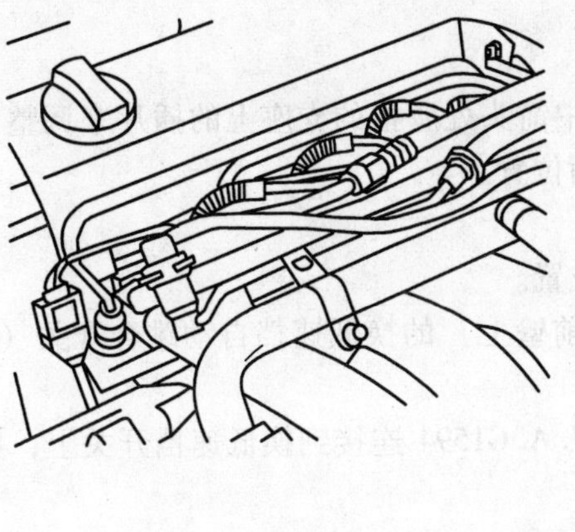

图 10-7　系统卸压

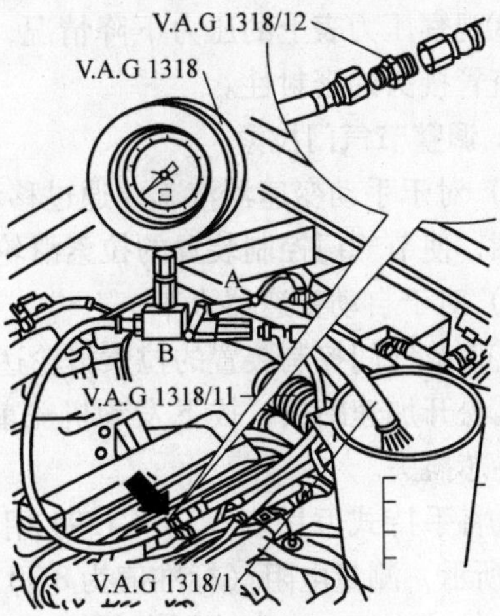

图 10-8　供油量的检测

⑤缓慢关上截止阀直到压力表上显示 3bar（$1bar = 10^5Pa$）的压力，然后保持这一位置，排空量杯。

⑥将万用表用辅助导线 V. A. G1594 连接到汽车的蓄电池上，操作遥控器 30s 后测量蓄电池电压，将供油量与标准值进行比较。在发动机静止而燃油泵运转的情况下，燃油泵的电压比蓄电池电压约低 2V，所以最少供油量为 $550cm^3/30s$。

⑦若没有达到最低的供油量，则检查燃油管道是否弯曲或阻塞。从燃油滤清器上拔下进油管，如图 10-9 所示，用转接器 1318/10 将压力表 V. A. G1318 接到软管，重新检查供油量。若达到了最低的供油量，则更换燃油滤清器。

⑧如果还没有达到最低的供油量，则拆下燃油输送装置并检查吸油网是否阻塞。

⑨当确定没有故障时，检查燃油泵的电流消耗。将松开的燃油管重新连接好，用电流钳将万用表 V. A. G1715 连接到导线束的蓝色和黄色导线上，如图 10-10 所示。

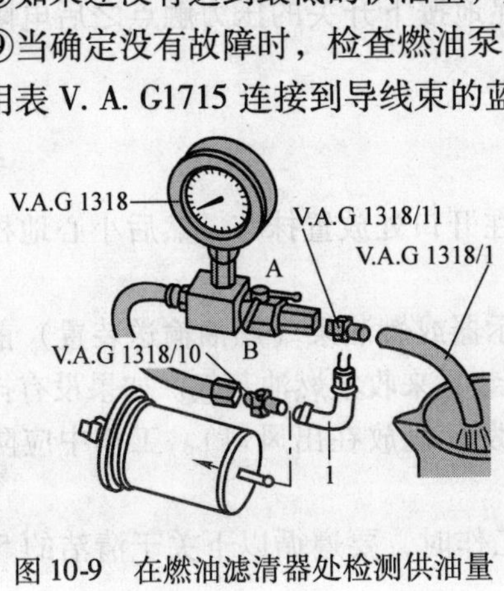

图 10-9　在燃油滤清器处检测供油量

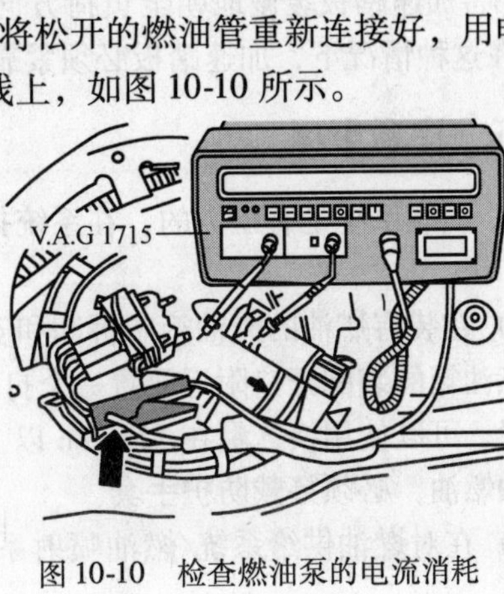

图 10-10　检查燃油泵的电流消耗

⑩起动发动机并怠速运转，测试燃油泵的电流消耗。消耗电流的标准值：最大为 8A。如果电流超出范围，说明燃油泵有故障，需更换。

5）检查燃油泵单向阀。

①将压力表 V. A. G1318 连接到燃油进油管上。

②关闭压力表截止阀，直到建立起约 3bar 的压力。过高的压力可以通过小心地打开截止阀来降低。注意：打开截止阀可能会有燃油喷射出来，应该把量杯置于压力表的自由端下面。

③观察压力表上的压力下降情况，10min 之内不允许低于 2. 5bar。如果压力继续降低，应检查管接头的密封性。

5. 调整节气门拉索

1）对于手动变速器汽车，通过移动图 10-11 中箭头处所指的支座上的插片来调整节气门拉索，使节气门控制装置的拉索滑轮达到全负荷位置。

2）对于自动变速器汽车

①使节气门控制装置的拉索滑轮达到全负荷位置。

②松开加速踏板，拔下发动机舱前部（车厢前壁上）的换低速档自动跳合开关（F8）上的 2 芯插头。

③将手持式万用表 V. A. G1594 用辅助导线 V. A. G1594 连接到换低速档开关上，如图 10-12 所示，测量电阻（标准值为 8Ω）。

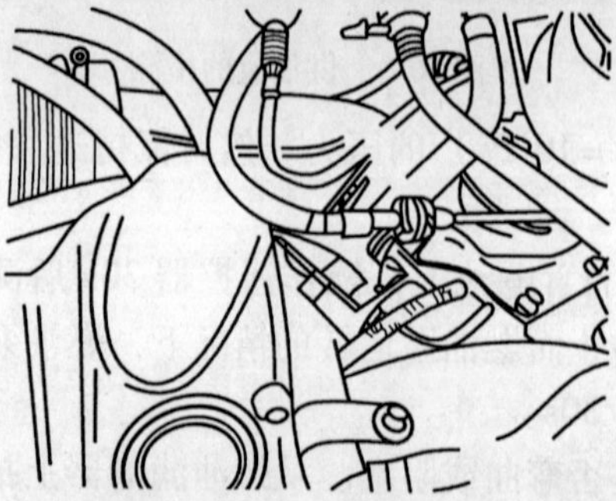

图 10-11 手动变速器汽车调整节气门拉索

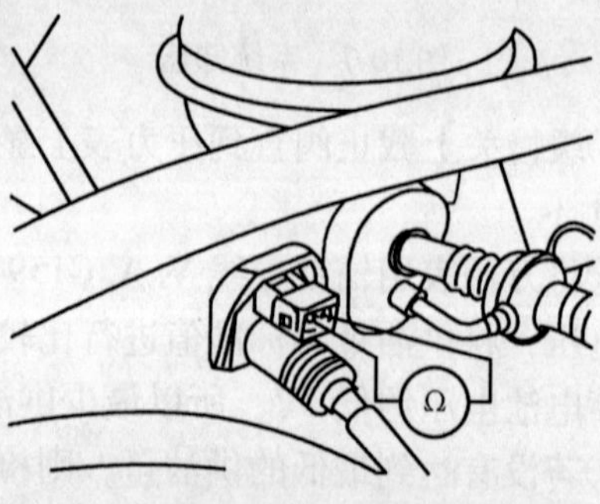

图 10-12 自动变速器汽车调整节气门拉索

④将加速踏板缓慢地朝全负荷方向移动，在短促地按下开关的压力触点之后电阻降为 0Ω。在这种情况下，加速踏板必须紧靠在挡块前面。

五、注意事项

1）燃油系统是有压力的，在系统打开之前要先在开口处放置抹布，然后小心地松开接头以卸压。

2）在装有燃油的燃油箱中拆卸和安装燃油量指示器或燃油泵（燃油输送装置）前，必须在燃油箱的装配开口附近放置一个打开的排气收集装置来收集燃油蒸气。如果没有排气收集装置，可以使用换气量在 $15m^3/h$ 以上的排风扇（发动机放在出风口）。工作中应防止皮肤接触燃油，必须穿戴防护手套。

3）在对燃油供给系统/燃油喷射系统进行维修工作时，要遵循以下关于清洁的 5 个规定：

①在打开系统之前要彻底地清洁连接处及其周围部分。

②将拆下的零件放置在干净的地方并覆盖，不要使用带纤维的布。

③不能立即进行修理工作时，开口处要覆盖住或连接上。

④只能安装清洁的零部件。

⑤当系统打开时，应避免使用压缩空气，避免移动车辆。

六、评分标准

序号	考核项目	配分	考核内容	评分标准	扣分	得分	考核记录
1	工作态度	10	迟到、早退、旷工	迟到、早退每次扣5分，旷课一节扣10分			
			嬉戏打闹	酌情扣分			
			认真、严谨、团结、协作	酌情给分			
2	安全文明操作	10	遵守安全操作规程，正确使用工具、量具，操作现场整洁	酌情给分			
			安全用电、火，无人身、设备事故	若因违规操作发生重大人身和设备事故，按0分计			
3	考核过程	10	发动机燃油供给系统的组成（口述）	根据叙述内容是否正确酌情给分			
		10	发动机燃油供给系统的供油路线（口述）	根据叙述内容是否正确酌情给分			
		20	燃油输送装置的拆卸与安装	根据操作内容是否正确酌情给分			
		15	燃油箱的拆卸和安装	根据操作内容是否正确酌情给分			
		15	检查燃油泵	根据操作内容是否正确酌情给分			
4	考核结果	10	任务完成时间	酌情给分			
			任务完成质量	酌情给分			
5	分数	100					

七、实训报告

实训项目：________

姓名：________　　班级：________

学号：________　　日期：________

一、工具和材料

答：____

____

____

（续）

二、实训练习

1. 发动机燃油供给系统的组成是怎样的？

答：

2. 发动机燃油供给系统的供油路线是怎样的？

答：

3. 电控燃油喷射系统的工作过程是怎样的？

答：

三、指导教师评语

实训任务十一　喷油器的拆装及校验

一、实训目标

1. 知识目标

1）熟悉喷油器的作用和组成。

2）了解喷油器的工作原理和喷油器的类型。

2. 技能目标

1）熟悉喷油器的拆装过程。

2）正确检测喷油器的针阀开启压力、喷雾质量和针阀密封性。

二、实训设备、仪器和工具

1. 实训设备

喷油器手泵试验台，喷油器校验器5台，多孔喷油器5套。

2. 实训工具

常用工具、专用工具各5套。

三、相关知识

1. 喷油器的功用

喷油器的功用是将喷油泵供给的高压燃油以一定的压力呈雾状喷入燃烧室。

2. 喷油器的要求

1）雾化均匀。

2）具有一定的喷射压力、射程和合适的喷注锥角。

3）断油迅速、无滴漏现象。

3. 喷油器的形式

目前采用的喷油器都是闭式喷油器，有孔式喷油器和轴针式喷油器两种。

四、实训操作

1. 喷油器的拆卸

1）从发动机上拆卸喷油器时，首先拆下高压油管和固定螺母，然后用木锤震松喷油器，取出总成（视需要可用顶拔器拉出）。

2）从发动机上拆下喷油器总成后，应先清洗外部，然后逐一在喷油器手泵试验台上进行检验，检查喷射初始压力、喷雾质量和漏油情况。如果质量良好，则不必解体。

3）分解时，先分解喷油器的上部。旋松调压螺钉紧固螺母，取出调压螺钉、调压弹簧和顶杆，将喷油器倒夹在台虎钳上，旋下针阀体紧固螺母，取下针阀体和针阀。

4）针阀偶件应成对浸泡在清洁的柴油里。如果针阀和针阀体难以分开，可用钳子垫上橡胶片夹住针阀尾端拉出。

2. 喷油器零件的清洗

1）用钢丝刷清理零件表面的积炭和脏物，喷油器体和针阀体的油道可用通针或直径适当的钻头疏通。

2）针阀体偶件应单独清洗。零件表面积垢的褐色物质可用乙醇或丙酮等有机溶剂浸泡后再仔细擦除。最后，将喷油器偶件放在柴油中来回拉动针阀清洗，堵塞的喷孔用直径0.3mm的通针清理。清理时，注意避免损伤喷孔。

3）清洗过的零件用压缩空气吹去孔道中遗留的杂质，最后用汽油浸洗吹干备用。

3. 喷油器的校验

（1）喷油器在校验器上的安装　安装方法如图11-1所示。

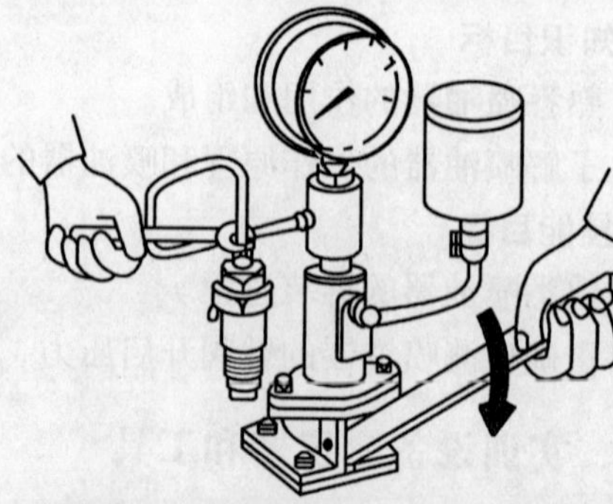

图11-1　喷油器在校验器上的安装

（2）喷油器针阀开启压力的检验　用手缓慢地压下泵油手柄多次，观察压力表指针。当喷油器开始喷油的瞬时，指针突然下降前所指示的最高压力值即为喷油器针阀开启压力。如果开启压力达不到规定值，可拧动喷油器上端的调整螺钉调整调压弹簧的弹力。

开启压力标准：新喷油器为14.8～15.6MPa，旧喷油器为14.2～15.2MPa。

（3）喷油器喷雾质量的检验　将校验器手柄每分钟按动15～60次，检查喷雾形状。喷出的燃油应呈雾状，不应有肉眼可见的飞溅油粒、连续油粒和局部浓稀不均现象，如图11-2所示。否则，应更换或清洗喷油器。

（4）喷油器针阀密封性检验　将油压保持在开启压力以下约2MPa进行检查，10s之内喷油孔或固定螺母周围应无滴油现象，如图11-3所示。否则，应更换或清洗喷油器。

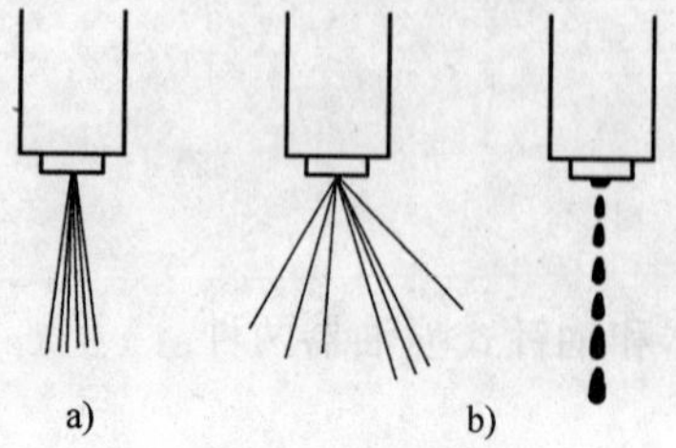

图11-2　喷油器喷雾质量的检验
a）正常　b）有故障

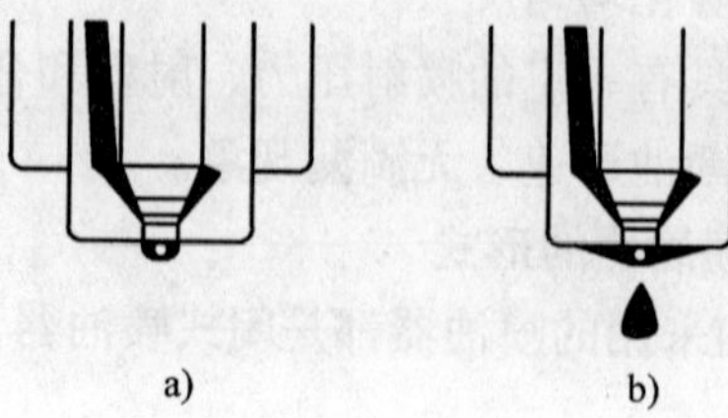

图11-3　喷油器针阀密封性的检验
a）正常　b）有故障

4. 喷油器的装配

1）将针阀、针阀体、紧固螺母装到喷油器体上，螺母的拧紧力矩为60～80N·m。

2）从喷油器体上部装入顶杆、调压弹簧、调压螺钉，拧上调压螺钉紧固螺母。

3）安装进油管接头。总成调试完毕后，安装护帽。

五、注意事项

1）分解过程中应注意保护针阀的精加工表面。

2）在分解后，喷油器垫片应与原配喷油器体放置在一起保存好，喷油器与座孔间的锥形垫圈也应与原喷油器体放置在一起。装配时，注意针阀体和定位销钉对准。

3）喷油器零件经清洗吹干检验合格后，必须在高度清洁的场所进行装配。

六、评分标准

序号	考核项目	配分	考核内容	评分标准	扣分	得分	考核记录
1	工作态度	10	迟到、早退、旷工	迟到、早退每次扣5分，旷课一节扣10分			
			嬉戏打闹	酌情扣分			
			认真、严谨、团结、协作	酌情给分			
2	安全文明操作	10	遵守安全操作规程，正确使用工具、量具，操作现场整洁	酌情给分			
			安全用电、火，无人身、设备事故	若因违规操作发生重大人身和设备事故，按0分计			
3	考核过程	10	喷油器的组成及原理（口述）	根据叙述内容是否正确酌情给分			
		20	喷油器的拆卸	根据操作内容是否正确酌情给分			
		20	喷油器的校验	根据操作内容是否正确酌情给分			
		20	喷油器的装配	根据操作内容是否正确酌情给分			
4	考核结果	10	任务完成时间	酌情给分			
			任务完成质量	酌情给分			
5	分数	100					

七、实训报告

实训项目：________________

姓名：________________ 学号：________________	班级：________________ 日期：________________

一、工具和材料

答：____

____

____

二、实训练习

1. 喷油器的一对精密偶件指什么？

答：____

____

____

（续）

2. 喷油器的工作原理是怎样的？

答：

3. 如何检测喷油器的针阀开启压力？

答：

4. 如何检测喷油器的针阀密封性？

答：

5. 如何检测喷油器的针阀喷雾质量？

答：

三、指导教师评语

实训任务十二 柴油机喷油泵的拆装与调试

一、实训目标

1. 知识目标

1）了解柴油机供给系统的组成。

2）掌握柴油机供给系统中主要机件的名称、作用和连接关系。

3）掌握喷油泵的工作原理。

2. 技能目标

1）熟悉喷油泵的拆装过程。

2）掌握喷油泵各缸供油量不均匀、喷油时间不准确、调速器作用时刻不准确的调整方法。

二、实训设备、仪器和工具

1. 实训设备

A 型喷油泵 5 台，喷油泵试验台 5 台。

2. 实训工具

常用工具、专用工具（喷油泵凸轮轴柱塞弹簧拆卸器等）、常用量具各 5 套。

三、相关知识

1. 喷油泵的作用

1）提高油压（定压）：将喷油压力提高到 10～20MPa。

2）控制喷油时间（定时）：按规定的时间喷油和停止喷油。

3）控制喷油量（定量）：根据柴油机的工作情况改变喷油量的多少，以调节柴油机的转速和功率。

2. 喷油泵的要求

1）按柴油机工作顺序供油，而且各缸供油量均匀。

2）各缸供油提前角要相同。

3）各缸供油延续时间要相等。

4）油压的建立和供油的停止都必须迅速，以防止滴漏现象发生。

3. 喷油泵的分类

1）柱塞式喷油泵。

2）喷油泵-喷油器式。

3）转子分配式喷油泵。

四、实训操作

下面以 A 型直列柱塞式喷油泵为例介绍喷油泵的拆装与调试。

1. 喷油泵的拆装

1）先堵住低压油路进、出油口和高压油管接头，防止污物进入油路，用柴油、煤油、汽油或中性金属清洗剂清洗泵体外部，旋下调速器底部的放油螺钉，放尽润滑油。

2）将油泵固定在专用拆装架或自制的T形架上，拆下输油泵总成、检视窗盖板、油尺等总成附件及泵体底部螺塞。

3）转动凸轮轴，使1缸滚轮体处于上止点，将滚轮体托板（或销钉）插入调整螺钉与锁紧螺母之间（或挺柱体锁孔中），使滚轮体和凸轮轴脱离。

4）拆下调速器后盖固定螺钉，将调速器后壳后移并倾斜适当角度，拔开连接杆上的锁夹或卡销，使供油齿杆和连接杆脱离。用尖嘴钳取下起动弹簧、取下调速器后壳总成。

5）用专用扳手固定住供油提前角自动调节器，在喷油泵另一端用专用套筒拆下调速飞块支座固定螺母，用顶拔器拉下飞块支座总成，用专用套筒拆下提前器固定螺母，用顶拔器拉下提前器。

6）拆凸轮轴部件。拆卸前，先检查凸轮轴的轴向间隙（0.05~0.10m）。将测得值与标准进行比较，即可在装配时知道应增垫片的厚度。若不需要更换凸轮轴轴承，先测间隙也可减少装配时的反复调整。拆下前轴承盖，收好调整垫片，拆下凸轮轴支撑轴瓦。用木锤从调速器一端敲击凸轮轴，将轴和轴承一起从泵体前端取下。若需要更换轴承，可用顶拔器拉下轴承。

7）将泵体检视窗一侧向上放平。从油底塞孔中装入滚轮挺柱顶持器，顶起滚轮部件，拔出挺柱托板（或销钉），取出滚轮体总成。按上述方法，依次取出各缸滚轮体总成。如果需要对滚轮体进行解体，则应先测量，记下其高度，取出柱塞弹簧、弹簧上下座、油量控制套筒，旋出齿杆限位螺钉，取出供油齿杆，旋出出油阀压紧座，用专用工具取出油阀偶件及减容器、出油阀弹簧、柱塞偶件，按顺序放在专用架上。

2. 喷油泵的调试

下面以两速调速器柱塞式喷油泵为例介绍调试步骤。

（1）调试前的准备

1）将喷油泵安装在试验台上，调整喷油泵凸轮轴与试验台输出轴同心。不同类型喷油泵的安装高度可通过喷油泵与试验台安装导轨之间的垫块予以调整。

2）喷油泵调试前应试运转，以排除低压油路和高压油路内的空气。调整进油压力为0.1MPa，进油温度为40±2℃，检查喷油泵运转是否平稳、有无异常现象，供油齿杆移动是否自如，各油路接头有无渗漏等。

（2）供油时间的调试（溢油校验法）

1）把喷油泵试验台变速杆放在“0”位，油路转换阀控制杆移至高压油的位置，旋松标准喷油器上的放气螺钉，起动电动机，使柴油自喷油器回油管中连续流出。

2）将喷油泵供油齿杆推到全负荷位置，并沿凸轮轴的工作旋转方向用手缓慢转动喷油泵驱动盘，推动柱塞上行。当1缸喷油器的回油管停止出油（即该柱塞副柱塞开始供油）时，停止转动。调节刻度盘指针，选择“0”位，此时即为1缸开始供油的时刻。检查喷油泵联轴器上的刻线与喷油泵前轴承盖上供油始点标记是否对正，如图12-1所示；如果不能对正，应调整。

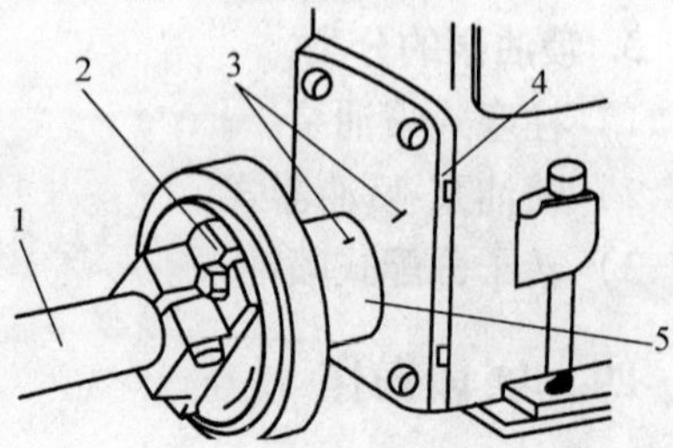

图12-1 供油正时

1—驱动轴 2—联轴器的驱动盘 3—供油正时刻度线 4—喷油泵 5—联轴器的从动盘

3）依照喷油泵的供油顺序，以1缸为准调整其他各缸的供油时间。例如，四缸发动机的供油顺序为1-3-4-2，在调整3缸供油时间时，应以1缸开始供油时间在刻度盘上的标记为起点，旋转90°，正好是3缸开始供油时间。各缸供油时间在刻度盘上的误差应在±0.5°范围内。

4）若某缸供油时间过迟，应将该柱塞副挺柱上的正时螺钉旋出；若供油时间太早，则将挺柱上的正时螺钉旋入。反复调试，直至符合标准。

（3）调速器高速起作用时的转速调试

1）起动试验台，把调速器操纵臂向加油方向推到底。

2）慢慢提高试验台的转速，并注意观察供油齿杆的变化。当供油齿杆开始向减小供油的方向移动时的转速就是调速器高速起作用的转速，记录下此时的转速。

3）如果该转速与标准值不相符，可分别通过高速限位螺钉和全负荷调整螺钉进行调整，从而增减高速弹簧的弹力来达到要求。一般将高速起作用的转速调整到比最高实际使用转速高5～10r/min（指喷油泵转速）。

4）继续提高试验台转速，检查其高速断油转速。记录下此时的转速。

5）如果该转速与标准值不相符，应通过拉力杆螺钉进行调整，并重新检查调速器高速起作用的转速及所对应的齿杆行程。

（4）调速器怠速起作用时的转速调试

1）起动试验台，将试验台调整到低于喷油泵怠速工况的转速。

2）扳动操纵臂使供油齿杆移动到规定行程位置，并将操纵臂固定。

3）逐渐增加试验台转速，同时观察供油齿杆的变化。当齿杆开始向减少供油的方向移动时的转速就是调速器怠速起作用的转速。

4）继续增大试验台的转速，检查其怠速断油转速。

5）如果怠速起作用的转速与标准值不相符，应调节怠速弹簧的弹力或更换怠速弹簧来使其达到要求。

（5）额定转速供油量的调整

1）将喷油泵操纵臂置于最大供油位置，使试验台缓慢加速至柴油机额定转速对应的喷油泵转速（即四冲程柴油机喷油泵的转速是柴油机转速的一半）。

2）将量杯倒净，在计数器上设定计量300次，观察各缸的供油量。一般要求额定转速供油不均匀度不大于3%，其计算公式如下：

$$供油不均匀度=(最大供油量-最小供油量)/平均供油量\times100\%$$

$$平均供油量=(最大供油量-最小供油量)/2$$

3）不符合标准或不均匀时，松开调节齿圈或柱塞拨叉的夹紧螺钉，将柱塞控制套筒相对于调节齿圈转过一定角度，或柱塞拨叉相对于调节拉杆移动一定距离，再紧固螺钉，即可调整供油量及供油不均匀度。

4）反复进行上述调试，直至供油量及供油不均匀度完全达到规定要求为止。

（6）怠速供油量的调整

1）将喷油泵操纵臂置于最小供油位置，抵到怠速限位螺钉。使试验台以标定怠速转速对应的喷油泵转速运转。

2）将量杯倒干净，在计数器上设定计量300次，观察各缸供油量。一般要求供油不均匀度不大于7%。

3）若供油量不合适，可调整怠速限位螺钉。各缸供油不均匀时，其调试方法同额定转速供油量的调试。

4）反复进行上述调试，直至供油量及供油不均匀度完全达到规定要求为止。

（7）调整后的复验和注意事项

1）在试验调整的最后阶段，应对所有的试验项目做一次复验。如果发现问题，应及时排除。

2）紧固各部位的调整螺钉，如调节齿圈或拨叉夹紧螺钉、正时螺钉锁紧螺母、调速器各种调节螺钉的锁紧螺母。

3）从试验台上拆下喷油泵后，倒掉内部的润滑油，用柴油冲洗后按规定标准注入干净的柴油。

3. 喷油泵的装配

1）装配时，应在清洁干净的零件表面涂上清洁的润滑油。

2）装供油齿杆。将供油齿杆上的定位槽对准泵体侧面上的齿杆限位螺钉孔，装复限位螺钉，检查供油齿杆的运动阻力（当泵体倾斜45°时，供油齿杆应能靠自重滑动）。

3）装柱塞套筒。将柱塞套筒从泵体上方装入座孔中，其定位槽应恰好卡在定位销上，保证柱塞套完全到位。注意座孔必须彻底清理，防止杂物卡在接触面间，造成柱塞套筒偏斜和接触面不密封。

4）将出油阀偶件、密封垫圈、出油阀弹簧、减容器体和出油阀压紧座依次装入泵体。必须注意出油阀座与柱塞套上端面之间的清洁，并保证密封垫圈完好。用35N·m的力矩拧紧出油阀压紧座，若过紧，会引起泵体开裂、柱塞咬死及齿杆阻滞、柱塞套变形，加剧柱塞副磨损。装配后，应检查喷油泵的密封性。

5）装复供油齿圈和油量控制套筒。油量控制套筒通过齿圈凸耳上的夹紧螺钉和齿圈固定成一体，两者不能相对转动。一般零件上有装配记号；没有记号时，应使齿圈的固定凸耳处在油量控制套筒两孔之间居中位置。确定供油齿杆中间位置。将供油齿杆上的记号（刻线或冲点）与泵体端面对齐，或与齿圈上的记号对齐。如果齿杆上无记号，则应使供油齿杆前端面伸出泵体前端面达到说明书规定的距离。装上齿圈和油量控制套筒（左右拉动供油齿杆到极限位置时，齿圈上凸耳的摆动角度应大致相等），并检查供油齿杆的总行程。

6）装入柱塞弹簧上座及柱塞弹簧，将柱塞装入对应的柱塞套，再装上下弹簧座。注意柱塞下端十字凸缘上有记号的一侧应朝向检视窗。下弹簧有正反之分，不能装反。

7）装复滚轮挺柱体，调整滚轮挺柱体调整螺钉达到说明书规定高度或拆下时记下的高度。将滚轮体装入座孔，导向销必须嵌入座孔的导向槽内。用力推压滚轮体或用滚轮顶持器和滚轮挺柱托板支起滚轮挺柱。逐缸装复各滚轮体。每装复一个滚轮体都要拉动供油齿杆，检查供油齿杆的阻力。

8）装复凸轮轴和中间支撑轴瓦，装上调速器壳和前轴承盖。注意凸轮轴的安装方向，无安装标记时可根据输出泵驱动凸轮位置确定安装方向。凸轮轴的中间支承应与凸轮轴一起装入泵体，否则，凸轮轴装复后无法装上中间支承。

喷油泵凸轮轴装到泵体内应有确定的轴向位置和适当的轴向间隙。凸轮轴装复后，应转动灵活，轴向间隙为0.05~0.10mm。装复供油提前角自动调节器，转动凸轮轴，取下各滚轮体托板。拉动供油齿杆，阻力应小于15N；否则，应查明原因并予以排除。

9）装复输出泵、调速器总成等附件。

五、注意事项

1）喷油泵拆卸后的零部件应按原装配关系放置在清洁的工作台上；精密偶件要放在单独器皿内，用滤清过的轻柴油清洗或存放。

2）零部件进行清洗后用压缩空气吹干。柱塞偶件表面上刻有配偶编号及标记，不得错乱，必要时要补印识别标记。

六、评分标准

序号	考核项目	配分	考核内容	评分标准	扣分	得分	考核记录
1	工作态度	10	迟到、早退、旷工	迟到、早退每次扣5分，旷课一节扣10分			
			嬉戏打闹	酌情扣分			
			认真、严谨、团结、协作	酌情给分			
2	安全文明操作	10	遵守安全操作规程，正确使用工具、量具，操作现场整洁	酌情给分			
			安全用电、火，无人身、设备事故	若因违规操作发生重大人身和设备事故，按0分计			
3	考核过程	10	喷油泵的作用及原理（口述）	根据叙述内容是否正确酌情给分			
		20	喷油泵的拆卸	根据操作内容是否正确酌情给分			
		20	喷油泵的装配	根据操作内容是否正确酌情给分			
		20	喷油泵的调试	根据操作内容是否正确酌情给分			
4	考核结果	10	任务完成时间	酌情给分			
			任务完成质量	酌情给分			
5	分数	100					

七、实训报告

实训项目：________

姓名：________　　班级：________

学号：________　　日期：________

一、工具和材料

答：____

____

____

（续）

二、实训练习

1. 喷油泵的组成是怎样的？

答：

2. 喷油泵的工作原理是怎样的？

答：

3. 如何调整喷油泵的供油时间？

答：

三、指导教师评语

项目五　润滑系统与冷却系统的拆装

实训任务十三　润滑系统的拆装

一、实训目标

1. 知识目标

1）掌握典型发动机润滑系统的工作过程。

2）掌握润滑系统主要机件的结构及工作原理。

2. 技能目标

1）熟悉发动机润滑系统的拆装步骤。

2）熟悉润滑系统主要机件的结构及装配关系。

二、实训设备、仪器和工具

1. 实训设备

帕萨特 B5 发动机、相应资料及润滑系统主要部件（机油泵、滤清器、润滑油散热器、限压阀、旁通阀等）若干。

2. 实训工具

常用工具、专用工具各 5 套，塞尺 5 把。

三、相关知识

汽车发动机润滑系统的基本任务是将润滑油不断地供给各零件的摩擦表面，减少零件的摩擦和磨损。润滑系统虽然不参加发动机的功能转换，却能保证发动机正常工作，使其具有较长的使用寿命。

1. 润滑系统的作用

润滑系统的主要作用是对发动机主要摩擦零件进行润滑。

润滑油流经各零件表面时，还会带走零件摩擦产生的热量，洗掉零件表面的金属磨屑、空气带入的尘土及燃烧产生的炭粒等杂质（这些作用对气缸壁来说尤为重要）；在零件表面形成的油膜，还会保护零件免受水、空气和燃气的直接作用，防止零件受到化学及氧的腐蚀。润滑油有一定的粘性，可以填补缸壁与活塞环之间的微小间隙，减少气体的泄漏，起到密封作用。所以润滑油的作用除润滑外，还具有散热、清洗、保护及密封等作用。

2. 润滑方式

（1）压力润滑　利用机油泵将具有一定压力的润滑油送到摩擦面间，形成具有一定厚度并能承受一定机械负荷而不破裂的油膜，尽量将两摩擦零件完全隔开，实现可靠的润滑。

（2）飞溅润滑　利用发动机工作时某些运动零件（主要是曲轴与凸轮轴）飞溅起的油

滴与油雾，对摩擦表面进行润滑的一种方式。飞溅润滑适用于暴露的零件表面，如缸壁、凸轮等；相对运动速度较低的零件，如活塞销等；机械负荷较轻的零件，如挺柱等。气缸壁采用飞溅润滑还可防止由于润滑油压力过高、油量过大，进入燃烧室导致发动机工作条件恶化。

（3）定期润滑　对一些不太重要、分散的部位，采用定期加注润滑脂的方式进行润滑。如发动机水泵轴承、发电机、起动机及分电器等总成的润滑，即采用这种方式。

3. 润滑系统的组成

发动机的润滑系统组成大体相同，一般由下面这些装置组成。

（1）油底壳　用来储存润滑油。在大多数发动机上，油底壳还起到为润滑油散热的作用。

（2）机油泵　将一定量的润滑油从油底壳中抽出加压后，源源不断地送至各零件表面进行润滑，维持润滑油在润滑系统中的循环。机油泵大多装于曲轴箱内，也有些柴油机将机油泵装于曲轴箱外面，机油泵都采用齿轮驱动方式，通过凸轮轴、曲轴或正时齿轮来驱动。

（3）机油滤清器　用来过滤掉润滑油中的杂质、磨屑、油泥及水分等杂物，使送到各润滑部位的都是干净清洁的润滑油。由于过滤能力与流动阻力成正比，润滑系统的滤清器按过滤能力的不同分成两种（粗滤器和细滤器），设于润滑系统不同部位。润滑油粗滤器用来滤掉润滑油中粒度较大的杂质，其流动阻力小，串联安装于机油泵出口与主油道之间。润滑油细滤器能滤掉润滑油中的细小杂质，但流动阻力较大，故多与主油道并联安装，只有少量的润滑油通过细滤器过滤。

（4）润滑油集滤器　多为滤网式，能滤掉润滑油中粒度大的杂质，其流动阻力小，串联安装于机油泵进油口之前。

（5）主油道　是润滑系统的重要组成部分，直接在缸体与缸盖上铸出，用来向各润滑部位输送润滑油。

（6）限压阀　用来限制机油泵输出的润滑油压力；用来限制进入细滤器的油量，防止因进入细滤器的油量过多，导致主油道压力降低而影响润滑。

（7）旁通阀　旁通阀与粗滤器并联，当粗滤器发生堵塞时，旁通阀打开，机油泵输出的润滑油直接进入主油道。

润滑系统还设有机油压力表、润滑油温度表等。某些热负荷较大的发动机，如越野汽车发动机和柴油发动机上，还设有润滑油散热器，对润滑油进行散热冷却。

四、实训操作

下面以帕萨特 B5 发动机润滑系统的拆装为例进行介绍，其组成如图 13-1 所示。

1. 油底壳的拆卸和安装

（1）拆卸

1）断开蓄电池负极导线，拆下润滑油标尺。

2）抬起车辆并确保支承安全。

3）放出发动机润滑油。

4）拆下发动机与变速驱动桥的连接螺栓。

5）拆下油底壳固定螺栓和油底壳。

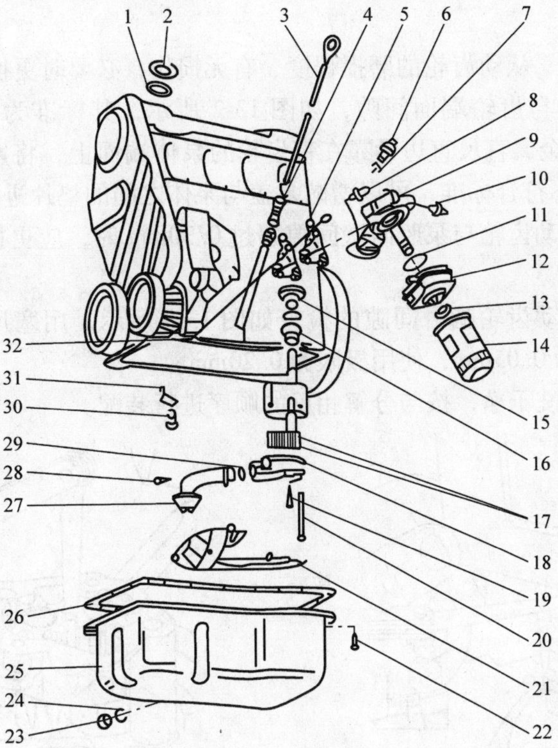

图 13-1　帕萨特 B5 发动机润滑系统的组成

1—密封垫圈　2—加油口盖　3—润滑油标尺　4—润滑油标尺导管口　5—机油滤清器支架垫片　6—螺栓（30N·m）　7、24—密封圈　8、13、20—螺栓（25N·m）　9—机油滤清器支架　10—润滑油压力　11、29—O 形圈　12—润滑油冷却器　14—机油滤清器　15—密封盖　16—主动齿轮　17—从动齿轮　18—带压力阀的机油泵盖　19、28—螺栓（10N·m）　21—挡油板　22—螺栓（15N·m）　23—放油螺栓（30N·m）　25—油底壳　26—油底壳垫片　27—吸油管　30—卸压阀（27N·m）　31—润滑油喷嘴　32—单向阀（5N·m）

（2）安装

1）彻底清洗和干燥所有密封面、螺栓和螺栓孔。

2）安装新油底壳垫片或用硅密封件来密封，把油底壳安装到发动机上。

3）安装固定螺栓，以 15N·m 的力矩拧紧油底壳螺栓，以 45N·m 的力矩拧紧油底壳与变速器之间的螺栓，以 45N·m 的力矩拧紧油底壳与缸体之间的 M10 螺栓。

4）安装润滑油标尺，把适量的发动机润滑油注入发动机。

5）连接蓄电池负极导线，起动发动机，检查是否有渗漏。

2. 机油泵的拆装与调整

（1）机油泵的拆卸

1）旋松限位压板的紧固螺栓，拆去压板。

2）旋松并拆卸紧固机油泵盖、机油泵体的紧固螺栓，将润滑油吸油部件一起拆下。

3）拧松并拆下吸油管紧固螺栓，拆下吸油管组件，检查并清洗滤网。

4）旋松并拆下机油泵盖紧固螺栓，取下机油泵组件，检查泵盖上的限压阀。

5）分解主动齿轮、从动齿轮，再分解齿轮和轴，垫片更换新件。

（2）检验与装配

1）检查主动齿轮、从动齿轮的磨损程度、有无损伤，必要时更换（最好成对更换）。

2）检查机油泵盖与齿轮端面间隙，如图 13-2 所示，其标准为 0.05mm，使用极限为 0.15mm。检查时，将金属直尺直边紧靠在带齿轮的泵体端面上，将塞尺插入两者之间的缝隙进行测量。若间隙不符合标准，可以增减泵盖与泵体之间的垫片进行调整。

3）主动齿轮、从动齿轮与泵腔内壁间隙超过 0.30mm 时，应更换新件。测量的方法是用塞尺插入测量。

4）主动齿轮与从动齿轮啮合间隙的检查如图 13-3 所示，用塞尺插入啮合齿间，测量 120°三点齿侧，标准为 0.05mm，使用极限为 0.20mm。

5）将所有零件清洗干净，按与分解相反的顺序进行装配。

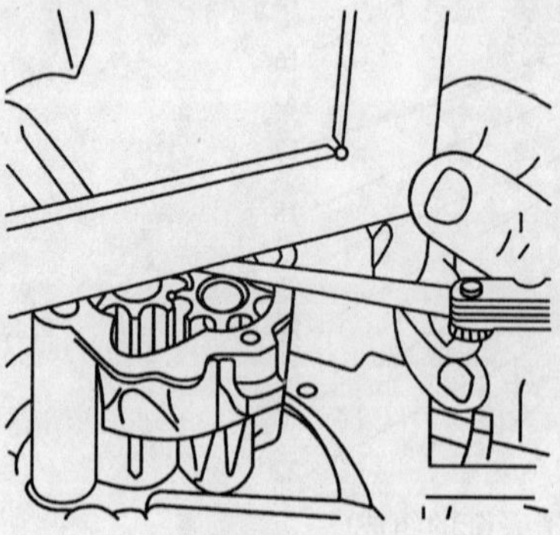

图 13-2 检查机油泵端面间隙

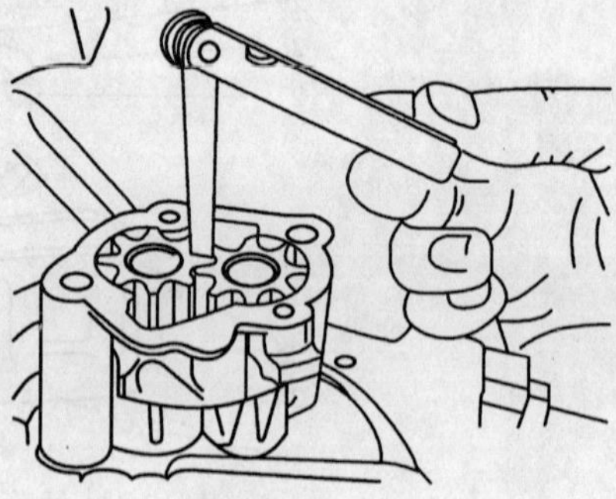

图 13-3 机油泵齿轮啮合间隙

3. 轿车润滑系统油路的分析

（1）润滑系统的特点

1）由于轿车发动机转速高、功率大，凸轮轴多为顶置，机油泵一般由中间轴驱动。

2）配气机构多采用液力挺柱，有油道向液力挺柱供油。

3）在主油道与机油泵之间多采用单级全流式滤清器，以简化滤清系统。

4）集滤器为固定淹没式，可避免机油泵吸入表面泡沫，保证润滑系统工作可靠。

（2）润滑油路　如图 13-4所示，发动机工作时，润滑油经集滤器初步过滤后进入机油泵，机油泵输出的润滑油全部流经机油滤清器，然后进入纵向主油道。主油道中的润滑油分别由各分油道进入曲轴主轴承和连杆轴承，再通过连杆杆身的油道润滑活塞销，并对活塞进行喷油冷却。

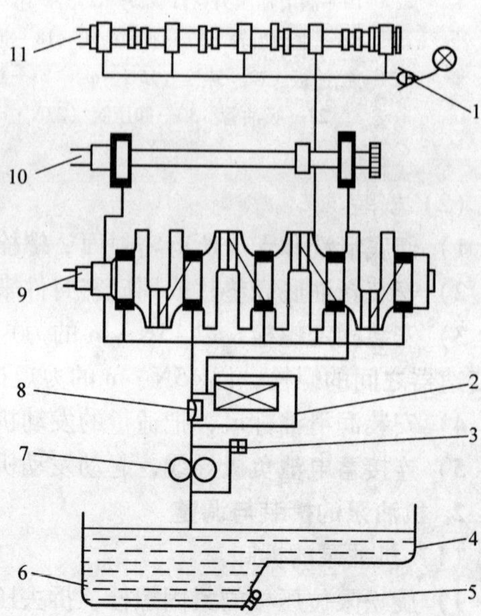

图 13-4 轿车汽油机润滑油路示意图

1、8—油压开关 2—机油滤清器 3—限压阀 4—油底壳 5—放油螺塞 6—润滑油集滤器 7—机油泵 9—曲轴 10—中间轴 11—凸轮轴

中间轴的润滑由发动机前边第一条横向斜油道和从机油滤清器出来的油道供油。气缸盖

上的纵向油道与主油道相通，并通过横向油道润滑凸轮轴轴颈及向液力挺柱供油。在缸盖和缸体的一侧布置了回油孔，使缸盖上的润滑油流回曲轴箱。

（3）两个油压开关

1）油压开关1：为30kPa，位于气缸盖后端。打开点火开关，仪表板中的润滑油压力警告灯即闪烁。起动发动机，当润滑油压力大于30kPa时，油压开关1触点开启，该警告灯自动熄灭。当发动机低速运转时，若润滑油压力低于30kPa，则油压开关1触点闭合，润滑油压力警告灯闪烁。

2）油压开关8：为180kPa，位于机油滤清器支架上。当发动机转速超过2150r/min时，如果润滑油压力达不到180kPa，油压开关8触点断开，润滑油警告灯闪烁，且警报蜂鸣器同时报警。

4. 润滑油加注

使用符合VW标准50000或50101的发动机润滑油。当发动机无机油滤清器时，加注3.3L；发动机带机油滤清器时，加注3.8L。

5. 润滑油标尺上的标记

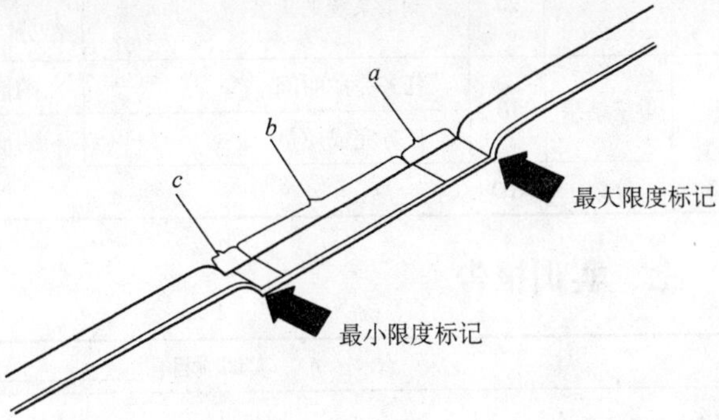

图13-5　机油标尺上的标记

如图13-5所示，*a*—高于阴影区直至最高限度标记的范围内不要补注发动机润滑油；*b*—润滑油液面在阴影区的范围内可以补注发动机润滑油；*c*—最低限度标记直至阴影区的范围内要补注发动机润滑油，最多补注0.5L。注意，润滑油液面不允许超过最高限度标记，否则会造成三元催化器的损坏。

五、注意事项

1）正确操作，注意人身及机件安全。

2）注意拆装顺序，保持场地整洁及零部件、工具、量具清洁。

六、评分标准

序号	考核项目	配分	考核内容	评分标准	扣分	得分	考核记录
1	工作态度	10	迟到、早退、旷工	迟到、早退每次扣5分，旷课一节扣10分			
			嬉戏打闹	酌情扣分			
			认真、严谨、团结、协作	酌情给分			
2	安全文明操作	10	遵守安全操作规程，正确使用工具、量具，操作现场整洁	酌情给分			
			安全用电、火，无人身、设备事故	若因违规操作发生重大人身和设备事故，按0分计			

（续）

序号	考核项目	配分	考核内容	评分标准	扣分	得分	考核记录
3	考核过程	10	认识润滑系统各零件及其功用	根据叙述内容是否正确酌情给分			
		20	分析润滑系统的油路	根据叙述和操作内容是否正确酌情给分			
		20	检查机油泵的“两隙”，并测量准确	根据操作内容是否正确酌情给分			
		20	润滑系统的拆装	根据操作内容是否正确酌情给分			
4	考核结果	10	任务完成时间	酌情给分			
			任务完成质量	酌情给分			
5	分数	100					

七、实训报告

实训项目：________

姓名：________	班级：________
学号：________	日期：________

一、工具和材料

答：________

二、实训练习

1. 润滑系统的功用及组成是怎样的?

答：________

2. 润滑系统的工作过程是怎样的?

答：________

3. 润滑油标尺上的标记表示什么?

答：________

三、指导教师评语

____

实训任务十四　冷却系统的拆装

一、实训目标

1. 知识目标

1）掌握典型发动机冷却系统的工作过程。

2）掌握冷却系统主要机件的结构及工作原理。

2. 技能目标

1）了解水冷系统的组成和工作过程。

2）了解冷却系统主要机件的结构及安装关系。

3）掌握水泵的拆装要领。

二、实训设备、仪器和工具

1. 实训设备

帕萨特 B5 型轿车发动机台架、水泵、节温器等。

2. 实训仪器和工具

顶拔器、冷却液温度计、加热装置、常用工具和量具、拆装专用工具、卡簧钳、一字螺钉旋具、常用拆装套筒等。

三、相关知识

冷却系统的功用是将受热零件吸收的部分热量及时散发出去，以保证发动机在最适宜的温度状态下工作。

发动机的冷却系统有风冷和水冷之分。以空气为冷却介质的冷却系统称为风冷系统；以冷却液为冷却介质的冷却系统称为水冷系统。

1. 冷却系统的循环

汽车发动机的冷却系统为强制循环水冷系统，即利用水泵提高冷却液的压力，强制冷却液在发动机中循环流动。

强制循环水冷系统中包括了两种工作循环，即小循环和大循环。冷车起动后，发动机在渐渐升温，冷却液的温度还无法打开系统中的节温器，此时的冷却液只是经过水泵在发动机内进行小循环，其目的是使发动机尽快地达到正常的工作温度。随着发动机温度的升高，冷却液温度升到了节温器的开启温度（通常为 80℃）后，冷却循环开始了大循环。这时候的冷却液从发动机出来，经过车前端的散热器散热后，再经水泵进入发动机。

2. 冷却系统部件分析

冷却系统主要零部件有节温器、水泵、水泵传动带、散热器、散热风扇、冷却液温度感应器和蓄液罐。

（1）冷却液　冷却液是由防冻添加剂及防止金属产生锈蚀的添加剂和水组成的液体。它需要具有防冻性、防蚀性、热传导性和不变质的性能。

（2）节温器　节温器是决定小循环还是大循环的主要部件。节温器在 80℃后开启，

95℃时开度最大。若节温器不能关闭，会使循环从开始就进入大循环，这样就造成发动机不能尽快达到或无法达到正常温度。

（3）水泵 水泵的作用是对冷却液加压，保证其在冷却系统中循环流动。

（4）散热器 发动机工作时，冷却液在散热器芯内流动，空气在散热器芯外通过，热的冷却液由于向空气散热而变冷。散热器上还有一个重要的小零件，就是散热器盖。随着温度的变化，冷却液会“热胀冷缩”，散热器会因冷却液的膨胀而内压增大，当内压达到一定值时，散热器盖开启，冷却液流到蓄液罐；当温度降低时，冷却液回流入散热器。

（5）散热风扇 正常行驶中，高速气流已足以散热，风扇一般不会在这时候工作；但在慢速和原地运行时，风扇就会转动来帮助散热器散热。风扇的起动由冷却液温度感应器控制。

（6）冷却液温度感应器 冷却液温度感应器其实是一个温度开关，当发动机冷却液温度超过90℃时，冷却液温度感应器将接通风扇电路。如果循环正常，当温度升高时，风扇不转，则冷却液温度感应器和风扇需要检查。

（7）蓄液罐 蓄液罐的作用是补充冷却液和缓冲“热胀冷缩”的变化，所以不要加液过满。如果蓄液罐完全用空，不能仅仅在罐中加液，还需要开启散热器盖检查液面并添加冷却液，否则蓄液罐就失去功用。

3. 冷却系统的设计

冷却系统的作用是在所有工况下保证发动机在最适宜的温度下工作，冷却系统匹配得是否合适将直接影响到发动机的使用寿命和燃油经济性，所以在冷却系统的设计及计算中，散热器的选型以及风扇的匹配对冷却系统起着至关重要的作用。

为便于组织气流，散热器布置在整车的前面，但由于受到整车布置空间的限制，在其前面还布置了空调冷凝器，这会增加风阻，影响散热器的进风量，从而影响冷却系统的冷却能力。风扇布置在散热器后面，靠风扇电动机带动。

四、实训操作

当发动机温度高的时候冷却系统是有压力的，要先卸掉压力。软管接头都是用弹簧卡箍，在进行紧固修理时也只能用弹簧卡箍。在安装时，要保证冷却软管的松弛，不要让它与其他结构部件相接触（注意冷却液和软管连接的标记）。

下面以帕萨特B5型轿车发动机冷却系统为例进行介绍。冷却系统拆装时所需拆装的零部件如图14-1、图14-2所示。

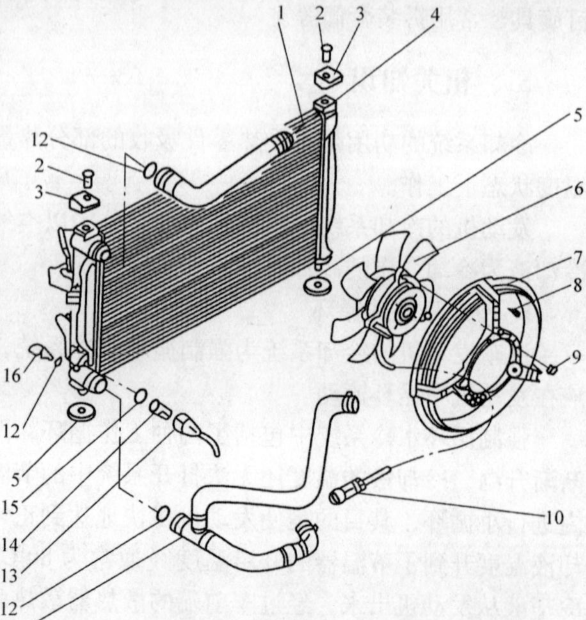

图14-1 帕萨特B5型轿车冷却系统部件组成

1—散热器 2—固定夹 3—固定橡胶 4—上部冷却液软管 5—橡胶垫 6—冷却风扇 7—风扇罩壳 8—紧固螺栓 9—螺钉（10N·m） 10—双头插式接头 11—下部冷却液软管 12—O形圈 13—连接插头 14—散热风扇的热敏开关 15—密封圈 16—排水螺栓（10N·m）

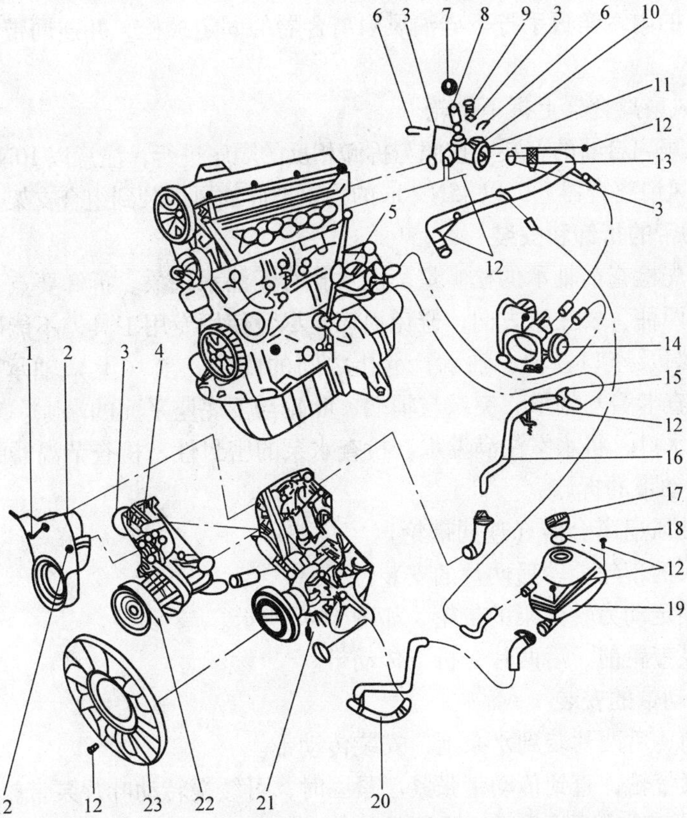

图 14-2　帕萨特 B5 型轿车发动机部分的冷却系统零部件组成

1—螺栓（20N·m）　2—同步带防护罩下部　3、18—O 形圈　4—水泵　5—润滑油冷却器　6—保持夹　7—连接插头　8—冷却液温度传感器　9—塞子　10—通向散热器　11—连接管　12—螺栓（10N·m）　13—上部冷却液管　14—节气门控制单元　15—从散热器来　16—下部冷却液管　17—塞盖　19—散热器　20—下部冷却液管　21—组合支架　22—传动带　23—风扇叶轮

1. 散热器的拆卸和安装

1）拆卸散热器时，要先排空冷却液。

2）从散热器上拔下冷却液软管。

3）拔下热敏开关的插头。对于带自动变速器的汽车，从散热器上拆下 ATF 管。

4）拆下散热器上部固定夹子并朝前取下散热器。

5）散热器的安装按照与拆卸相反的顺序进行。

2. 硅油风扇离合器的拆卸和安装

（1）硅油风扇离合器的拆卸

1）先将固定支架移到维修位置，拆下传动带，从硅油风扇离合器上拆下风扇叶轮。

2）用心轴（ϕ5mm）固定住硅油风扇离合器的带轮，如图 14-3 所示。

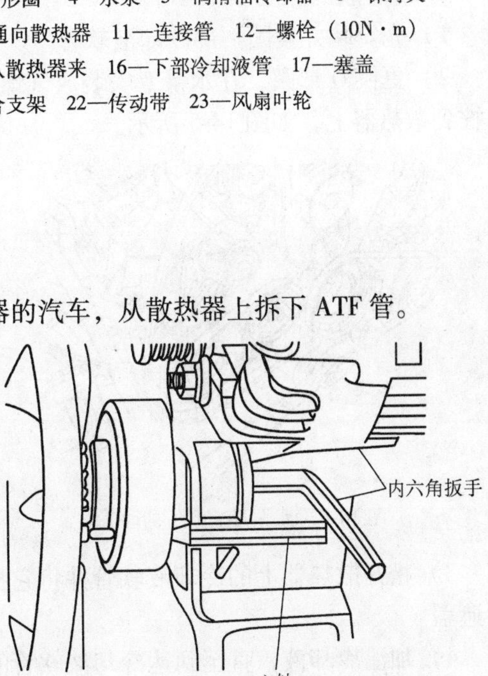

图 14-3　硅油风扇离合器的拆卸

3）用 8mm 的内六角扳手拧下硅油风扇离合器的固定螺栓，并连同带轮一起拆下硅油风扇离合器。

4）从硅油风扇离合器上拆下带轮。

（2）硅油风扇离合器的安装 按照与拆卸相反的顺序进行，注意以 10N · m 的力矩把风扇拧紧固定到硅油风扇离合器上，以 45N · m 的力矩把硅油风扇装到组合支架上，安装传动带。

3. 水泵传动带的拆卸和安装

拆卸前，应先检查前轴承的松旷量、泄水孔有无漏水现象。拆卸要点：拆卸水泵轴有从上部和下部取出两种，要注意方向，避免损坏。尽量使用专用工具，不能硬敲、硬撬。检修时，重点检查水封及座口、轴、轴承、承孔之间的配合，前（上）轴承松旷量。装配时，要重点注意和检查卡簧与轴承、突缘与轴端、叶轮与下底座平面的端隙。装合后，将水泵倒置，封闭进、出水口，将水室注满温水，检查水泵的密封性。检查节温器的开启温度。

（1）水泵传动带的拆卸

1）拆下硅油风扇离合器（连同带轮）。

2）标记水泵的带轮前、后两片的安装位置。

3）用心轴固定动力转向泵的带轮，如图 14-4 所示。

4）拧下水泵带轮前、后两片，拆下传动带。

（2）水泵传动带的安装

1）将带轮前、后两片装到水泵上，安装传动带。

2）均匀拉紧带轮，直到传动带张紧。紧固时，可缓慢转动叶片泵带轮。

3）用心轴固定叶片泵的带轮。水泵带轮拧紧力矩为 25N · m。

4. 冷却液的加注

1）先安装并紧固下部冷却液软管。

2）更换 O 形圈，在水泵上安装放气螺钉，拧紧力矩为 30N · m。将转接器 V. A. G1274/9 拧到散热器上，如图 14-5 所示。

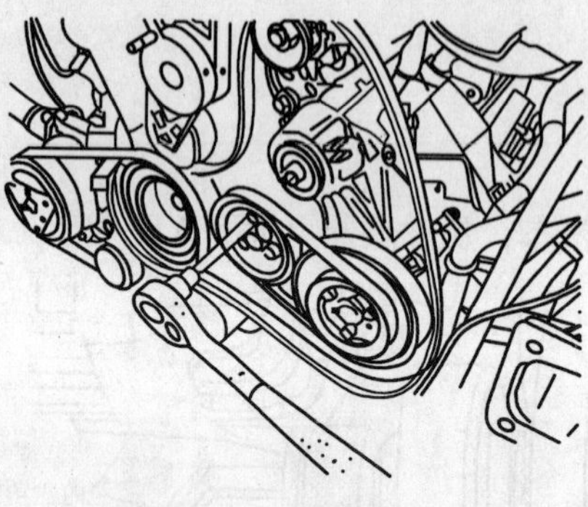

图 14-4 水泵驱动带的拆卸

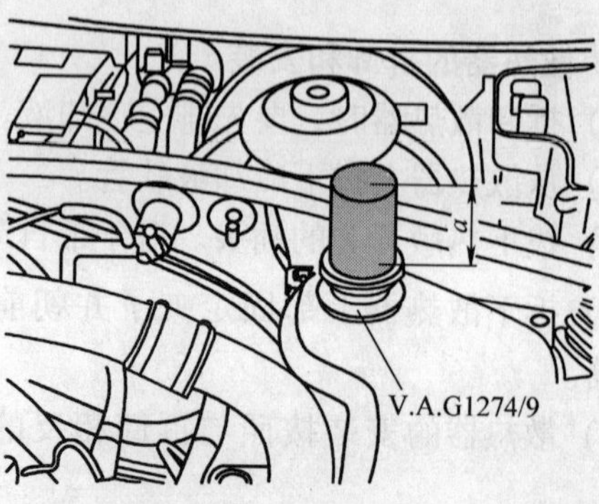

图 14-5 转接器的安装

3）松开散热器上的冷却液软管并将它拉回到冷却液软管的透气口处，不要被连接套筒所遮盖。

4）加注冷却液，直至到达冷却液软管的透气口。

5）接上冷却液软管，夹紧卡箍。拧上散热器盖。

6）将暖风控制打开到最大位置。起动发动机并保持发动机转速 2000r/min 约 3min，降低发动机转速到怠速状态，直至散热器的下部冷却液软管发热为止。

5. 检查冷却液液面位置

在发动机暖机状态下，冷却液液面必须到达最大标记处；在冷机时，冷却液液面应位于最大和最小标记之间。

五、注意事项

1）放出冷却液时要小心，因冷却液有毒。

2）冷却液要按照厂家规定来选择和添加。

六、评分标准

序号	考核项目	配分	考核内容	评分标准	扣分	得分	考核记录
1	工作态度	10	迟到、早退、旷工	迟到、早退每次扣5分，旷课一节扣10分			
			嬉戏打闹	酌情扣分			
			认真、严谨、团结、协作	酌情给分			
2	安全文明操作	10	遵守安全操作规程，正确使用工具、量具，操作现场整洁	酌情给分			
			安全用电、火，无人身、设备事故	若因违规操作发生重大人身和设备事故，按0分计			
3	考核过程	10	叙述冷却系统的组成及作用（口述）	根据叙述内容是否正确酌情给分			
		20	结合实验台指出冷却系统的大、小循环路线（口述）	根据叙述和操作内容是否正确酌情给分			
		20	硅油风扇离合器的拆卸和安装	根据操作内容是否正确酌情给分			
		20	水泵的拆卸与安装	根据操作内容是否正确酌情给分			
4	考核结果	10	任务完成时间	酌情给分			
			任务完成质量	酌情给分			
5	分数	100					

七、实训报告

实训项目：__________

姓名：__________ 学号：__________	班级：__________ 日期：__________

一、工具和材料

答：______________________________

____

____

（续）

二、实训练习

1. 发动机冷却系统的组成是怎样的？

答：

2. 分别绘出发动机过热、过低的故障诊断树。

答：

3. 写出冷却系统大、小循环路线。

答：

三、指导教师评语

项目六　点火系统与起动机的拆装与调整

实训任务十五　传统点火系统的拆装与调整

一、实训目标

1. 知识目标

1）掌握传统点火系统的组成及工作原理。

2）掌握分电器的结构特点。

3）掌握分电器的拆装工艺及要点。

2. 技能目标

1）掌握分电器的结构、拆卸工艺及要点。

2）掌握分电器的装配工艺及调整方法。

二、实训设备、仪器和工具

1. 实训设备

典型车型的点火系统 1 套。

2. 实训工具

螺钉旋具、尖嘴钳、冲子、台虎钳、锉刀、FD642 分电器、锤子和塞尺。

三、相关内容

1. 点火系统的作用

在汽油发动机中，气缸内的混合气是由高压电火花点燃的，而产生电火花是由点火系统来完成的。点火系统将电源的低电压变成高电压，再按照发动机点火顺序轮流送至各气缸，点燃压缩混合气并适应发动机工况和使用条件的变化，自动调节点火时刻，实现可靠而准确的点火，还能在更换燃油或安装分电器时进行人工校准点火时刻。

2. 发动机对点火系统的要求

1）点火装置应能产生足以击穿火花塞间隙的高压电（正常工作时一般为 10kV，低温起动时一般需要 19kV 以上），一般最高电压达 20 ~ 30kV。

2）电火花应具有足够的点火能量，一般发动机正常工作时需 0.01 ~ 0.05J，低温起动时需 0.10J。

3）能根据发动机工况的变化提供最佳的点火时刻，以使发动机产生最大的功率（包括点火顺序和点火时机）。

4）在特殊使用条件下（热带、寒带、潮湿及空气稀薄地区）行驶时，点火系统必须可靠地工作。

3. 点火系统的分类

(1) 按点火系统储存能量的方式分

1) 电感储能式（点火能量以磁场能的形式储存在点火线圈中）。

2) 电容储能式（点火能量以电场能的形式储存在储能电容中）。

(2) 按点火信号发生器的原理分

1) 磁感应式（日本丰田车系统）。

2) 霍尔效应式（德国大众车系统）。

3) 光电式（日本日产车系统）。

(3) 按一次电路控制方式分

1) 传统点火系统——蓄电池点火系统。

2) 电子点火系统——应用于化油器式发动机。

3) 计算机控制点火系统——广泛应用于电控发动机的点火系统。

(4) 按高压电的配电方式分

1) 机械配电点火系统（有分电器）。

2) 计算机配电点火系统（无分电器）。

说明：电感储能式点火系统中，电磁感应式和霍尔效应式应用广泛。有分电器点火系统在中低档车中应用广泛，无分电器点火系统在中高档车中应用广泛。

4. 点火系统的工作原理

(1) 点火系统的组成　汽车用汽油发动机中，点火系统一般由电源（蓄电池或发电机）、点火开关、点火线圈、分电器、点火控制器、火花塞、高压线等部件组成（见图 15-1）。

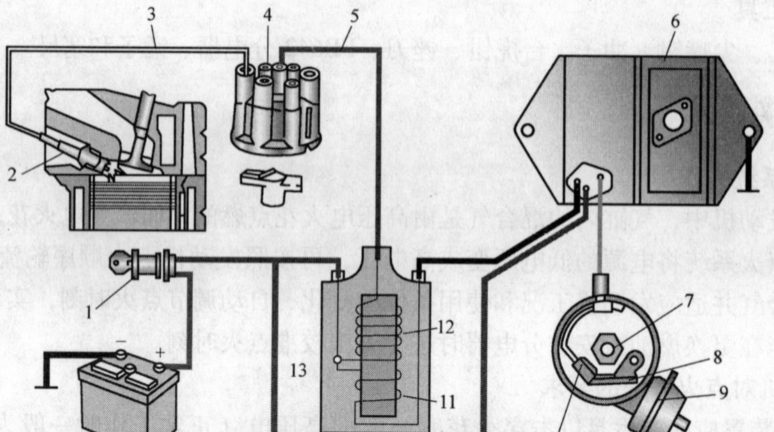

图 15-1　点火系统的组成

1—点火开关　2—火花塞　3—高压线　4—分电器盖及分火头　5—中央高压线
6—点火控制器　7—信号转子　8—永磁铁　9—真空调节器　10—信号线圈
11—一次绕组　12—二次绕组　13—点火线圈

(2) 点火系统的工作原理（见图 15-2）　一次电流一般为 7～8A，一次电压为 12V，点火时，一次自感电动势为 200～300V，二次电压一般为 30kV。

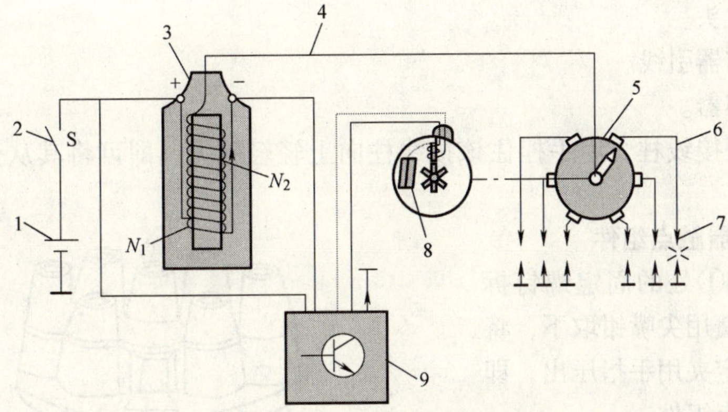

图 15-2　点火系统工作原理图

1—蓄电池　2—点火开关　3—点火线圈　4—中央高压线　5—配电器　6—分高压线　7—火花塞　8—信号发生器　9—点火控制器

四、实训操作步骤

（一）分电器的解体

1. 分电器的分解图（见图 15-3）

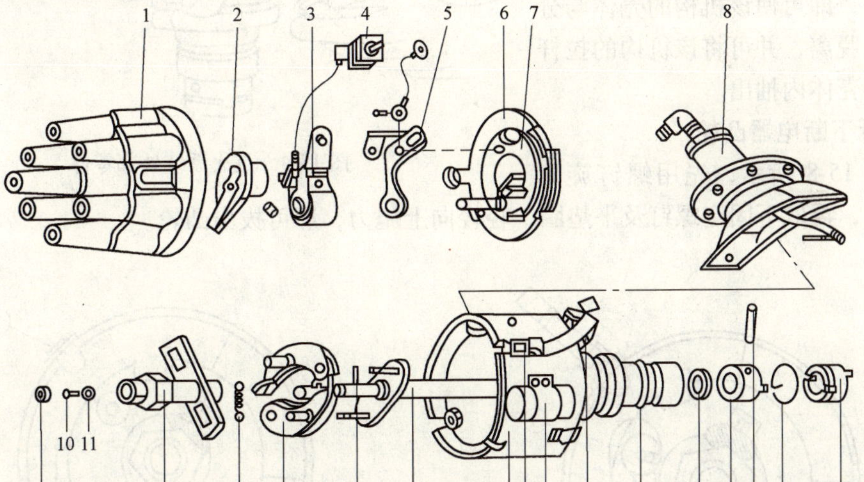

图 15-3　分电器的分解图

1—分电器盖　2—分火头　3—活动触点臂　4—断电器低压接线柱　5—固定触点与支架　6—断电器固定底板　7—断电器活动底板　8—真空点火提前机构　9—油毡　10—螺钉　11—平垫圈　12—断电器凸轮带离心提前机构横板　13—硬弹簧　14—离心重块　15—软弹簧　16—分电器轴　17—分电器壳　18—分电器盖卡簧　19—电容器　20—油杯　21—O 形橡胶密封圈　22—平垫圈　23—固定销用万向节　24—固定销　25—万向节钢丝　26—扁尾万向节

2. 拆卸外部零部件（见图 15-4）

1）拆下分电器盖，用手将两个分电器盖卡簧分别拨开，即可取下分电器盖。

2）拔下分火头。

3）拆下电容器引线。

4）拆下电容器。

5）拔下低压接线柱，用手捏住该接线柱向上轻轻施力，即可将其从壳体的缺口中拔下。

3. 拆下断电器触点组件

将图 15-5 中①处的固定螺钉拆下，将③处的卡簧用尖嘴钳取下，将②处的断电臂固定夹用手指压出，即可拆下断电器触点组件。

4. 拆下断电器固定底板

用十字旋具将图 15-6 中①、②两处的固定螺钉拆下，再将③处的真空提前机构拉杆销上的卡环用尖嘴钳取下，即可拆下固定底板。

5. 拆下真空提前机构

将图 15-7 中①、②两处的固定螺钉拆下，即可使该机构的壳体与分电器外壳脱离，并可将该机构的拉杆从分电器壳体内抽出。

6. 拆下断电器凸轮

如图 15-8 所示，先用螺钉旋具取出油毡，再取下固定螺钉及平垫圈，轻轻向上施力，即可拔出凸轮。

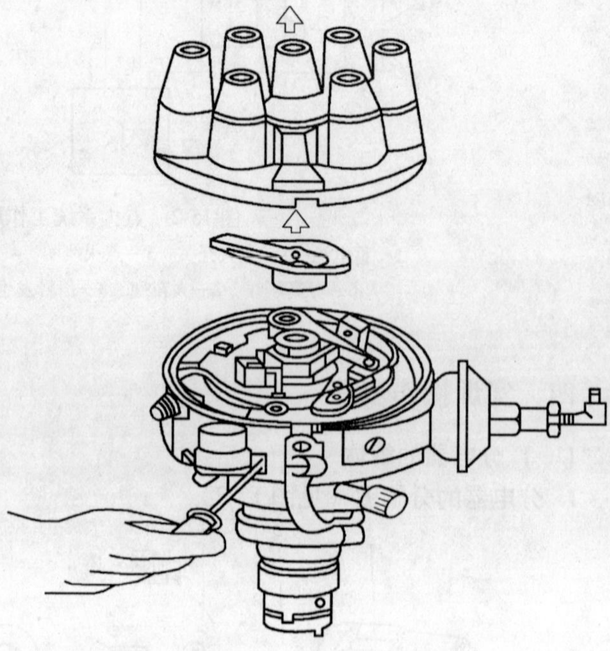

图 15-4 点火系统外部零件

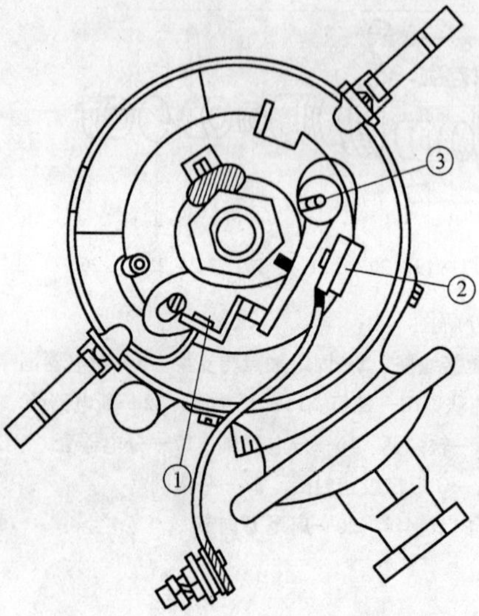

图 15-5 断电器触点组件的拆卸

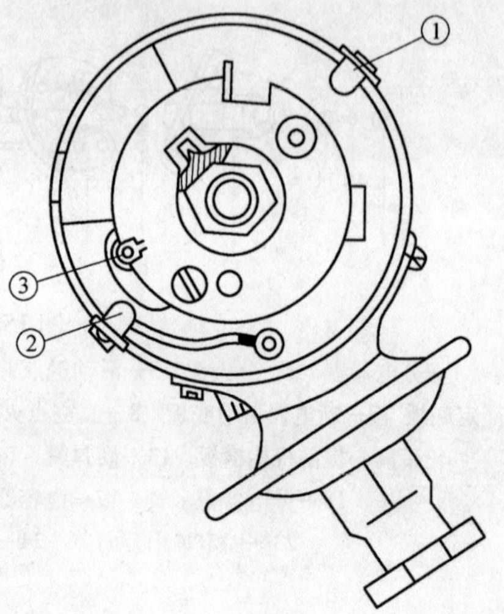

图 15-6 断电器固定底板的拆卸

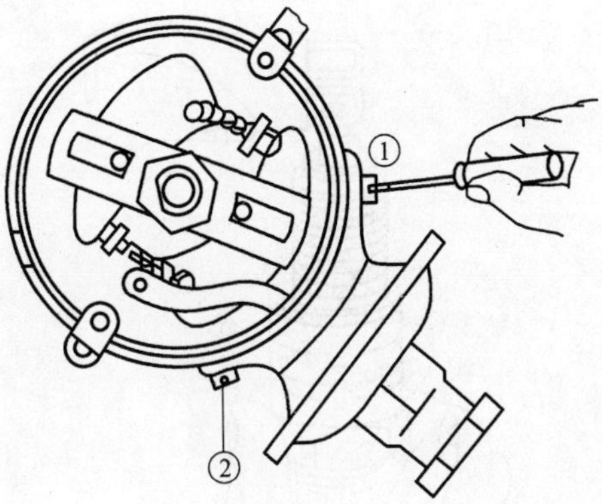

图 15-7　真空提前机构的拆卸

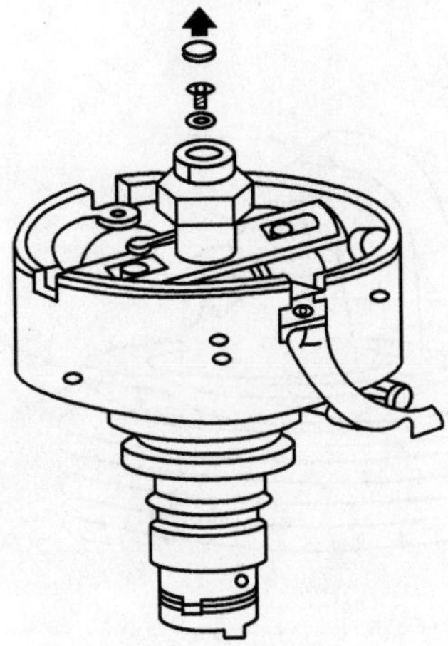

图 15-8　断电器凸轮的拆卸

7. 拆下离心提前机构

如图 15-9 所示，用尖嘴钳将两个弹簧取下，即可取出离心提前机构的两块重块。

8. 拆下分电器轴

如图 15-10 所示，先将连接分电器外壳与轴的固定销一端的铆接头用锉刀锉掉，再用冲子将固定销冲出，即可取下万向节，并可将分电器轴从壳体中抽出。

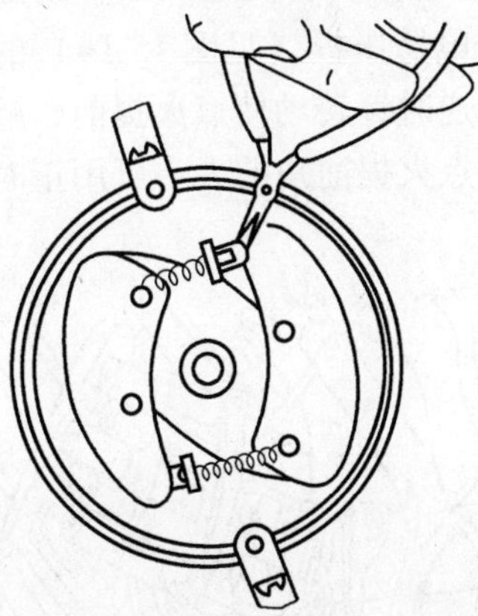

图 15-9　离心提前机构的拆卸

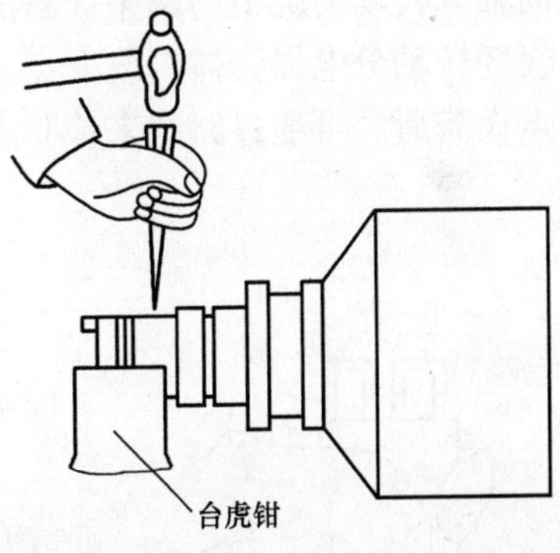

图 15-10　分电器轴的拆卸

（二）火花塞的检查、调整及点火正时

1. 火花塞的检查

（1）外观检查

1）如图 15-11 所示，检查电极烧损情况。先用火花塞清洗器将火花塞清洗干净，然后检查绝缘体是否有裂纹、破损，中心电极、侧电极是否烧损。严重者应进行更换。

2）螺纹部分损坏超过两牙者，应更换。

（2）火花塞电极间隙的检查　用钢丝式专用火花塞塞尺（见图 15-12）进行测量。火花塞电极间隙一般应为 0.65 ~ 0.85mm。注意：不宜用普通塞尺测量。

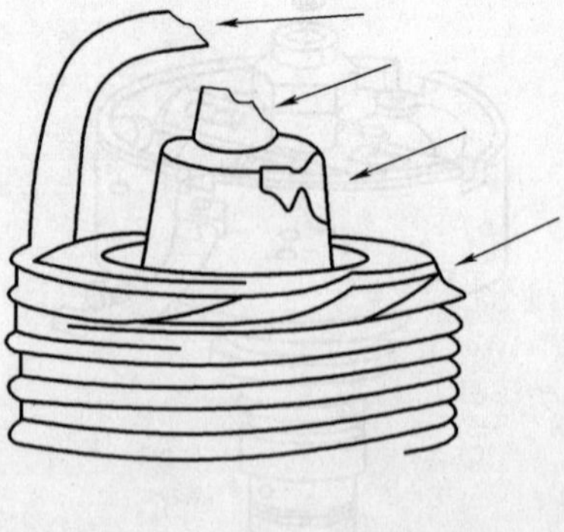

图 15-11 火花塞电极烧损情况检查

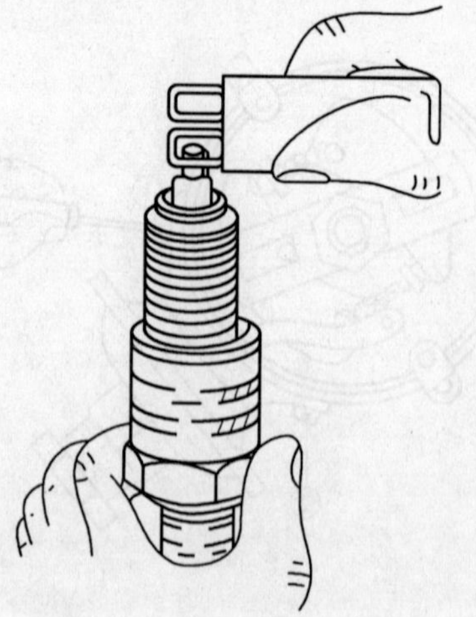

图 15-12 火花塞间隙的测量

2. 火花塞电极间隙的调整

如图 15-13 所示，用钢丝式专用火花塞塞尺，小心地弯曲侧电极来调整其间隙。注意：不可通过敲击中心电极来调整。

3. 点火正时

（1）点火提前角的校正（微调）这种方法适用于分电器从发动机上拆下，或虽拆下但发动机曲轴未转动情况下的调整。方法如下：旋松固定分电器压板（见图 15-14）的固定螺钉后，轻轻转动分电器壳体以改变点火时间。分电器壳体逆时针转动使点火提前，顺时针转动将使点火滞后。可通过路试来检验点火时间是否恰当。点火提前角的大小可用正时灯进行测量。

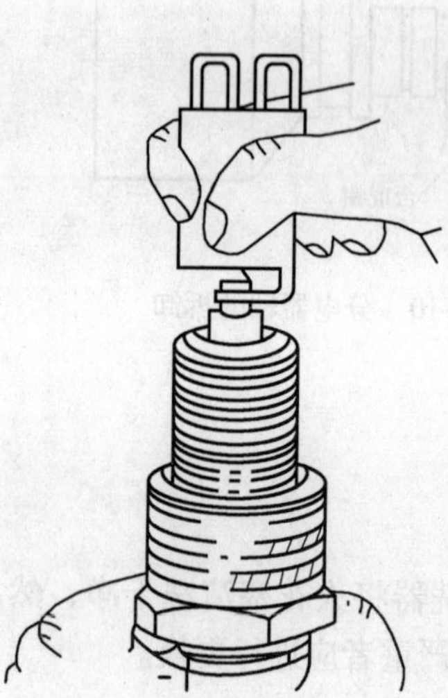

图 15-13 火花塞电极间隙的调整

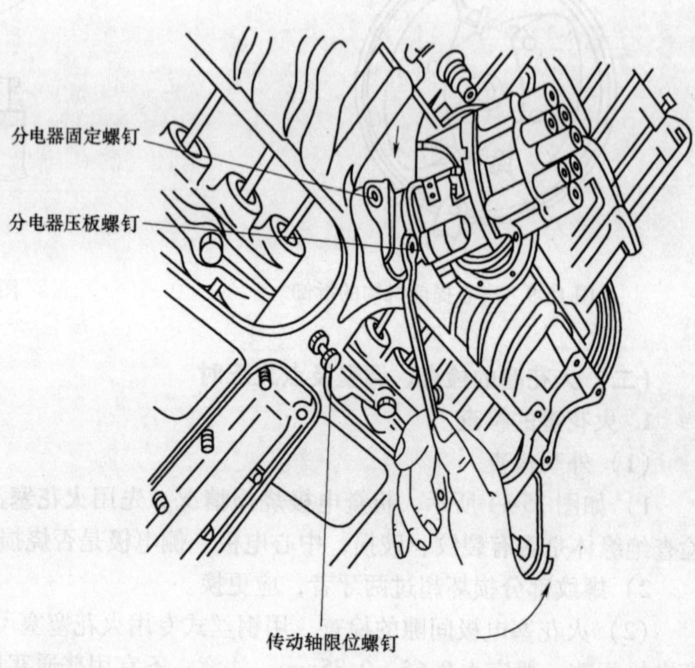

图 15-14 固定分电器压板螺钉的旋松

（2）重新调整点火正时　这种方法适用于重新安装分电器后的调整。方法如下：

1）检查断电器触点间隙是否在规定范围（0.35～0.45mm）内，否则应进行调整。

2）找出1缸压缩终了上止点位置：拧下1缸火花塞，用手指堵住火花塞孔，转动发动机曲轴，当手指感到有明显压力时即为压缩行程，此时慢慢转动发动机曲轴，注意观察飞轮上的正时记号，并使之与飞轮壳正时记号刻线对齐（见图15-15），这时停止转动发动机，然后装回火花塞。

3）观察分电器传动轴的安装位置，分电器传动轴的偏心槽应在与曲轴中心线平行的位置上，以偏心槽的小面向上、大面向下（见图15-16）。否则，应按以下方法重新安装：

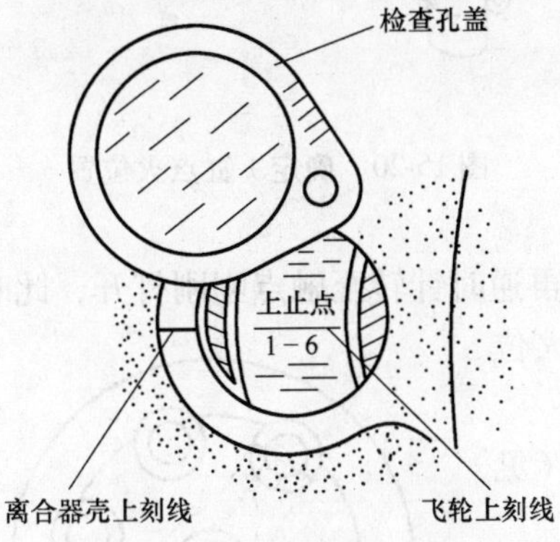

图15-15　飞轮壳正时记号

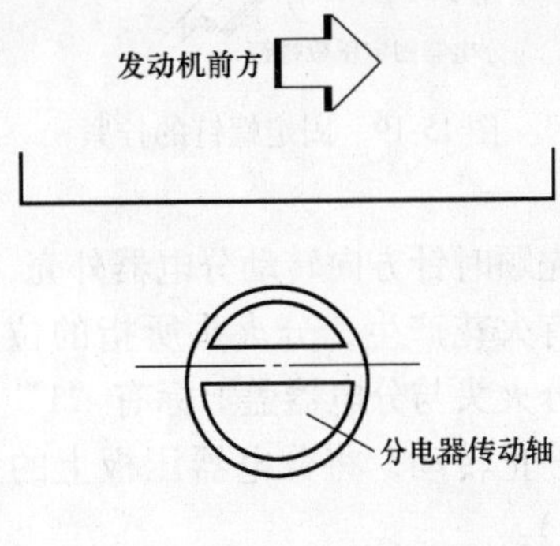

图15-16　分电器轴的安装位置

①将传动轴端偏心转至接近水平位置，且小面向上、大面向下。

②将传动轴逆时针旋转约60°（见图15-17），插入缸体内，观察是否安装正确，若仍不正确应再重装，直至满足要求。

③用专用锁紧螺栓，以手的力量将其拧紧（且不可用扳手过分用力，以免使传动轴套变形而卡住传动轴）。

④用两只扳手将锁紧螺母锁牢。

4）安装分电器。如图15-18所示，让分电器万向节端部大、小面与分电器传动轴端大、小面相吻合，然后连同垫片一起插入缸体上的安装孔，并拧紧两个固定螺栓（见图15-19）。

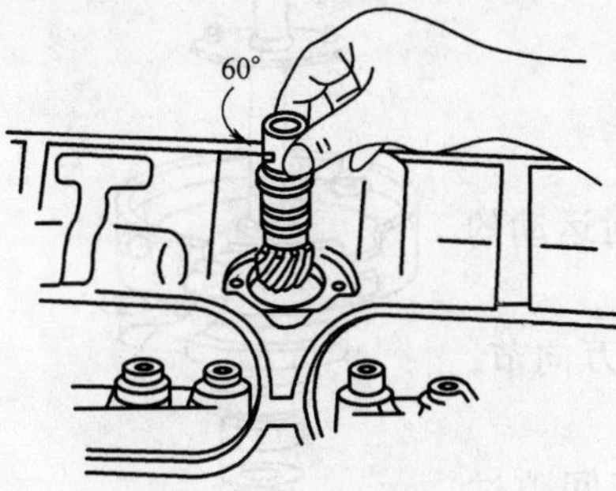

图15-17　分电器轴的安装

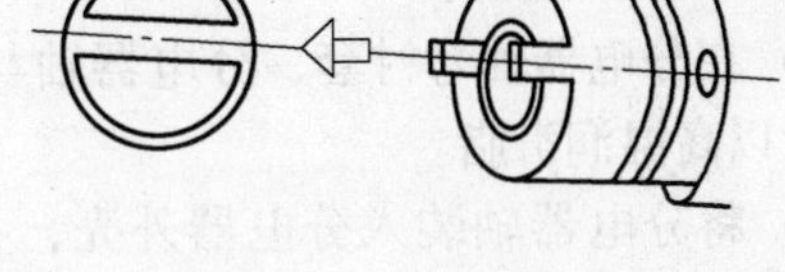

图15-18　分电器的安装

5）确定1缸点火位置。

①如图15-20所示，打开点火开关至点火档，使点火线圈高压线端离缸体4～5mm。

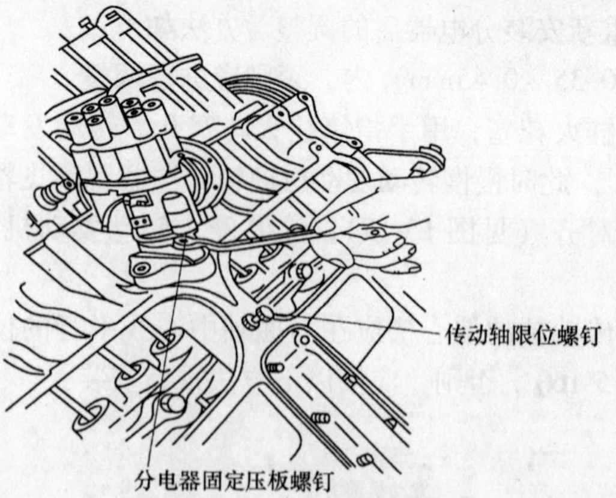

图 15-19 固定螺钉的拧紧

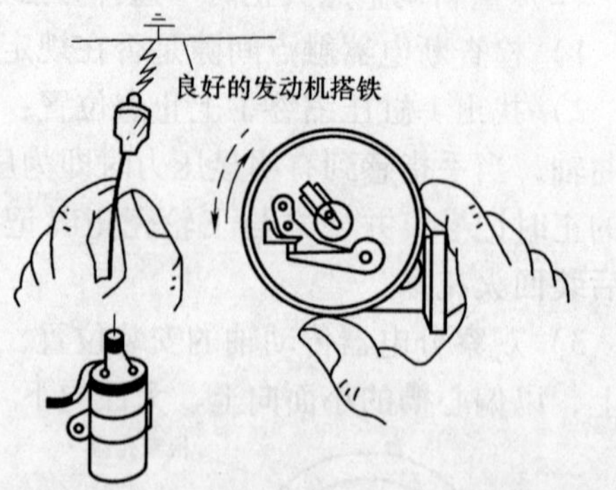

图 15-20 确定 1 缸点火位置

②先顺时针方向转动分电器外壳，使触点闭合，再逆时针转至触点刚刚打开，此时高压线端应有火花产生，分火头所指的位置即为 1 缸点火位置，且分火头与分电器盖上标有“1”的插孔对应。

③停止转动，将分电器压板上的固定螺钉拧紧（见图 15-19）。

6）按点火顺序（1-5-3-6-2-4）插好各缸高压线（见图 15-21）。

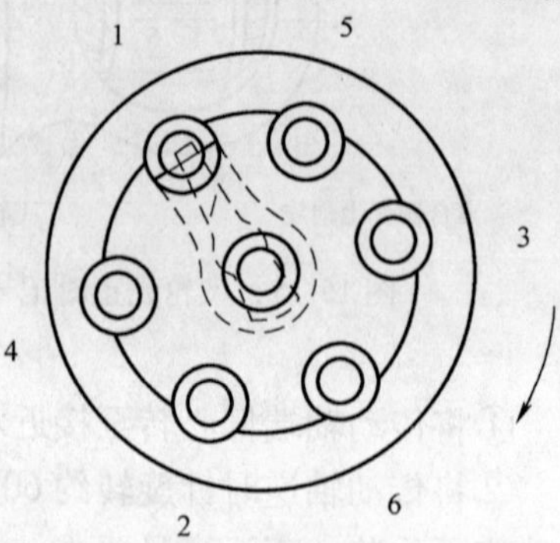

图 15-21 插高压线

4. 点火正时的检验

1）起动发动机，使发动机冷却液的温度达到 70 ~ 80℃。

2）汽车在平坦路面上用直接档以 20 km/h 的速度行驶，将加速踏板突然踩到底，发动机发出轻微的爆燃声，当车速升到 40 ~50km/h 时，爆燃声自动消失，这说明点火正时恰当。若突然加速时有发“闷”之感（或同时排气管有放炮声），说明点火过迟；若发动机内出现较重的爆燃声，表明点火时间过早。

3）点火过早或过迟可通过转动分电器外壳校正。

（三）分电器的装配

1. 装配分电器轴

1）在分电器轴与衬套、分电器轴与凸轮等有相对运动的部位涂以高温润滑脂。

2）将分电器轴装入分电器外壳，并在轴端装上万向节，穿上固定销，但暂不铆固（见图 15-22）。

3）检查分电器轴的轴向间隙（见图 15-23），若间隙过大，可在万向节和外壳之间加垫片调整，直至间隙为 0. 08 ~ 0. 25mm，然后将固定销钉铆固。

图 15-22 分电器轴的装配

2. 安装离心提前机构

1）如图 15-24 所示，将离心重块装到与轴固联的底板上。

重块与底板之间应有垫片，注意不要漏装。

2）装上回位弹簧。注意：两弹簧为一软一硬。

3. 安装断电器凸轮

如图 15-25 所示，将凸轮套到分电器轴的上端，并将拨板上的两孔分别套入离心块的拨销上，然后装回垫片及螺钉。装回后，用手握住下端的万向节，试一下凸轮与轴之间是否能相对转动。若两者间不能相对转动，应增厚凸轮下的垫片予以调整（若两者间不能相对转动，离心提前机构将失效），但不能有明显的轴向间隙。

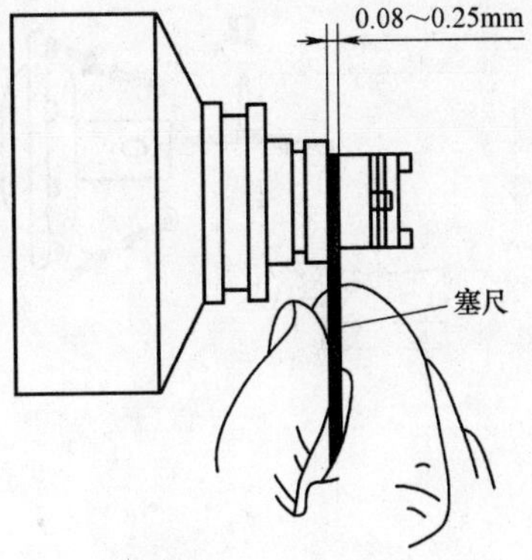

图 15-23　检查分电器轴的轴向间隙

4. 安装真空提前机构

如图 15-26 所示，将真空提前机构的拉杆插入壳体后，拧紧真空提前机构壳体与分电器外壳之间的固定螺钉。

5. 安装断电器固定底板及触点组件

1）用清洗纸片除去触点间的污物。

2）将固定底板放入分电器外壳内，并将真空提前机构拉杆上的销钉从底板的相应孔中穿出，然后将底板固定在分电器外壳上，如图 15-27 所示。

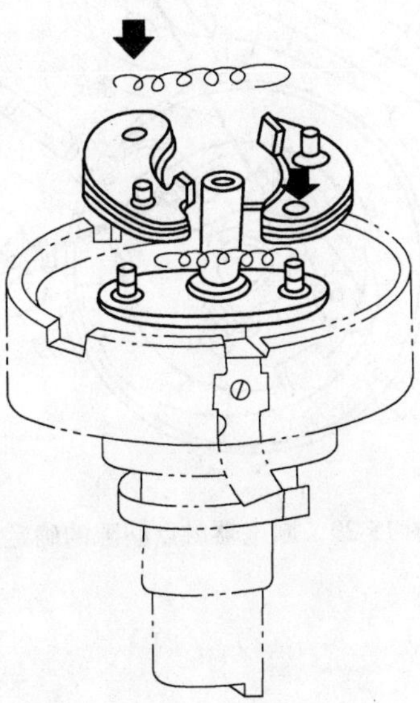

图 15-24　离心重块的装配

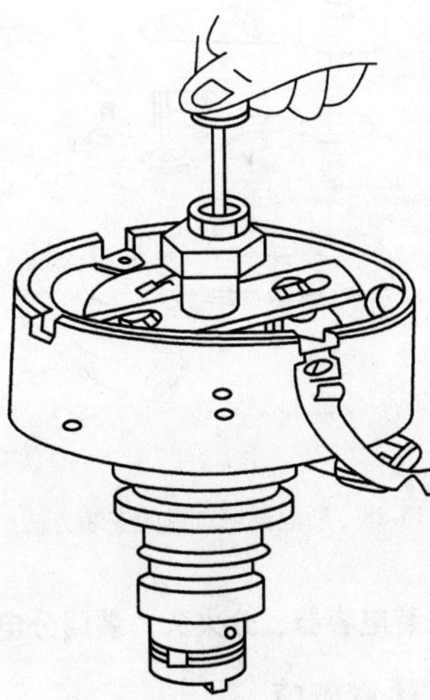

图 15-25　安装断电器凸轮

3）安装断电器触点组，方法如图 15-28 所示。注意：搭铁线是固定在固定触点支架的固定螺钉处的，且此时螺钉应暂不拧紧，以便调整断电器触点间隙。

4）确定触点间隙。如图 15-29 所示，用一字旋具旋动偏心螺钉，触点间隙即可改变，使触点间隙为 0. 35 ~0. 45mm，将固定触点支架的固定螺钉拧紧。

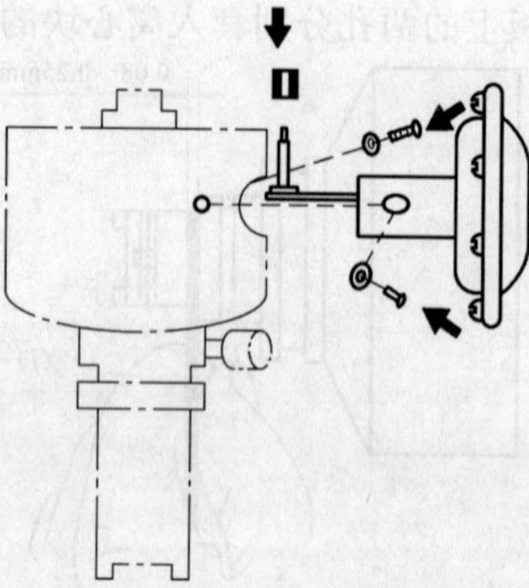

图 15-26 安装真空提前装置

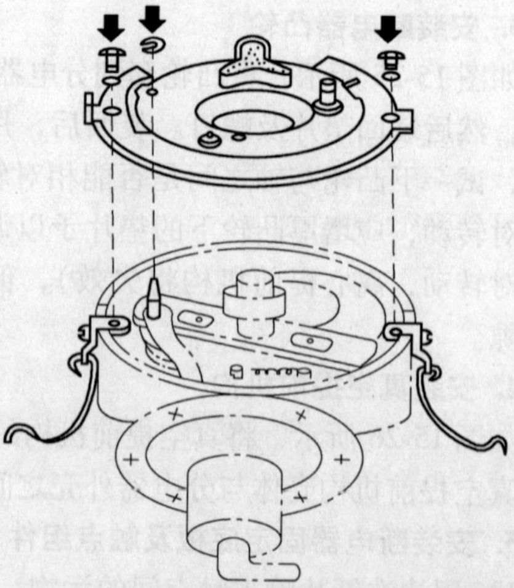

图 15-27 安装断电器固定底板及触点组件

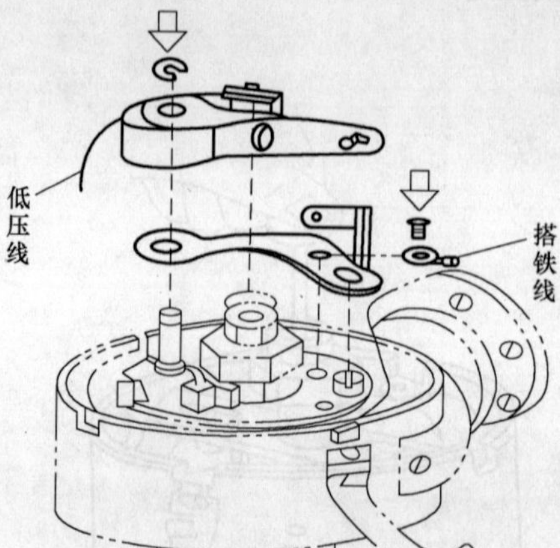

图 15-28 断电器触点组的安装方法

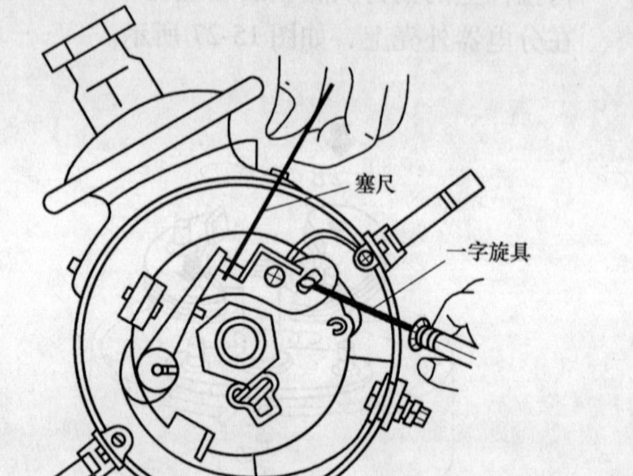

图 15-29 断电器触点间隙的确定

6. 安装电容器、分火头，装回分电器盖（见图 4-30）

五、注意事项

1）安装时，所有螺栓和螺母的紧固力矩应符合规定，所有自锁螺母必须更换新件。

2）装复时，各零件应清洁干净，确保无油污、无残留物。

3）安装分电器时，应将 1 缸活塞置于上止点，并调整点火正时。

4）安装火花塞时，应检查火花塞电极间隙，并进行调整。

5）安装高压导线时，应检查其电阻的阻值。

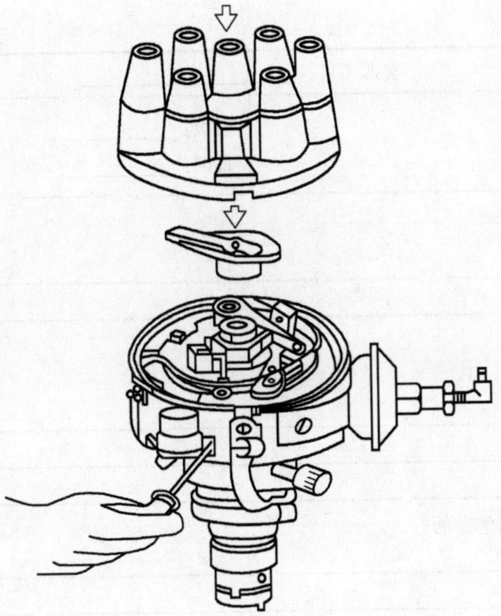

图 15-30　安装电容器、分火头、分电器盖

六、评分标准

序号	考核项目	配分	考核内容	评分标准	扣分	得分	考核记录
1	工作态度	10	迟到、早退、旷工	迟到、早退每次扣 5 分，旷课 1 节扣 10 分			
			嬉戏打闹	酌情扣分			
			认真、严谨、团结、协作	酌情给分			
2	安全文明操作	10	遵守安全操作规程，正确使用工、量具，操作现场整洁	酌情给分			
			安全用电、火，无人身、设备事故	因违规操作发生重大人身和设备事故，此题按 0 分计			
3	考核过程	15	分电器的分解（口述）	根据叙述内容是否正确酌情给分			
		15	分电器的装配（口述）	根据叙述内容是否正确酌情给分			
		20	火花塞电极间隙的调整	根据操作内容是否正确酌情给分			
		10	点火正时的调整	根据操作步骤是否正确酌情给分			
		10	断电器触点间隙的调整	根据操作步骤是否正确酌情给分			
4	考核结果	10	任务完成时间	酌情给分			
			任务完成质量	酌情给分			
5	分数	100					

七、实训报告

实训项目：________

姓名：________ 学号：________	班级：________ 日期：________

一、工具和材料

答：

二、实训练习

1. 分电器解体步骤是怎样的？

答：

2. 火花塞电极间隙的调整方法是怎样的？

答：

3. 点火正时的调整方法是怎样的？

答：

4. 断电器触点间隙的调整方法是怎样的？

答：

三、指导教师评语

实训任务十六　电子点火系统的拆装与调整

一、实训目标

1. 知识目标

1）掌握电子点火系统的组成及工作原理。

2）掌握分电器的结构特点。

3）掌握分电器的拆装工艺及要点。

2. 技能目标

1）掌握分电器的结构、拆卸工艺及要点。

2）掌握分电器的装配工艺及调整方法。

3）掌握点火系统的拆装方法、步骤和技术要求。

二、实训设备、仪器和工具

1. 实训设备

典型车型的点火系统 1 套。

2. 实训工具

螺钉旋具、尖嘴钳、冲子、台虎钳、锉刀、锤子、塞尺和万用电表。

三、相关内容

1. 电子点火系统的种类

（1）无触点电子点火系统

（2）磁感应式电子点火系统

（3）霍尔式电子点火系统

（4）有分电器的计算机电子点火系统

（5）无分电器电子点火系统

2. 无触点电子点火系统

（1）无触点电子点火系统的组成

1）分电器：内有配电器、信号发生器、机械式点火提前装置（离心式和真空式）。

2）点火器：接受信号发生器的控制信号，控制点火线圈一次绕组电流的通、断；其他（内有闭合角控制电路、恒流控制等）。

3）点火线圈。

4）火花塞。

（2）无触点电子点火系统与传统点火系统的比较

1）结构上，取消了断电器。用信号发生器代替凸轮，用点火器取代了白金触点。

2）原理上，一次电流的通、断由信号发生器和点火器配合完成，其他工作过程变化不大。

3）点火器除了控制一次电流的通、断外，内有控制电路（闭合角控制和恒流控制），可改善点火性能。

3. 无触点电子点火系统的优、缺点

优点：

1）由于采用了信号发生器，从根本上消除了由触点引起的一系列问题。

2）在所有转速范围内都能可靠地点火（闭合角控制和恒流控制），在提高点火电压和点火能量方面很有成效。

缺点：对点火时刻的控制依然依靠离心式和真空式两套机械式点火提前装置来完成，不能保证发动机点火时刻始终处于最佳状况（因为最佳点火提前角除了与转速和负荷有关外，还和其他因素有关）。

四、实训操作步骤

1. 分电器总成的拆卸

1）关闭点火开关，拆下蓄电池负极线。

2）拔下各缸分缸线和中央高压线。

3）拔下霍尔传感器的信号线。

4）从分电器上拔下真空管。

5）拆下分电器压板固定螺栓，取下分电器总成。

2. 电子点火装置的构造及线路连接方法

1）上海桑塔纳无触点电子点火系统的组成如图16-1所示。

2）图16-2所示为点火装置实际接线图。

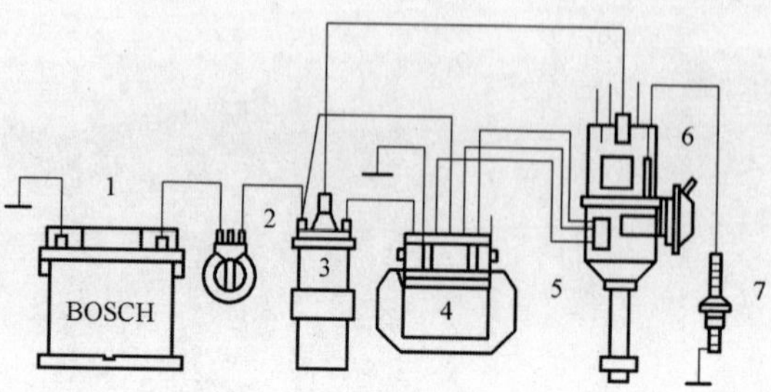

图16-1 上海桑塔纳无触点电子点火系统的组成

1—电源 2—点火开关 3—点火线圈 4—点火控制器 5—点火信号发生器 6—分电器 7—火花塞

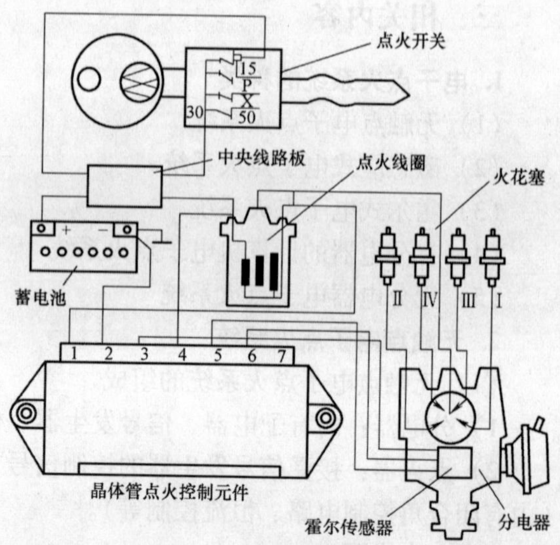

图16-2 点火装置实际接线图

3. 分电器的解体

图16-3为上海桑塔纳用无触点电子点火装置中分电器的分解图。

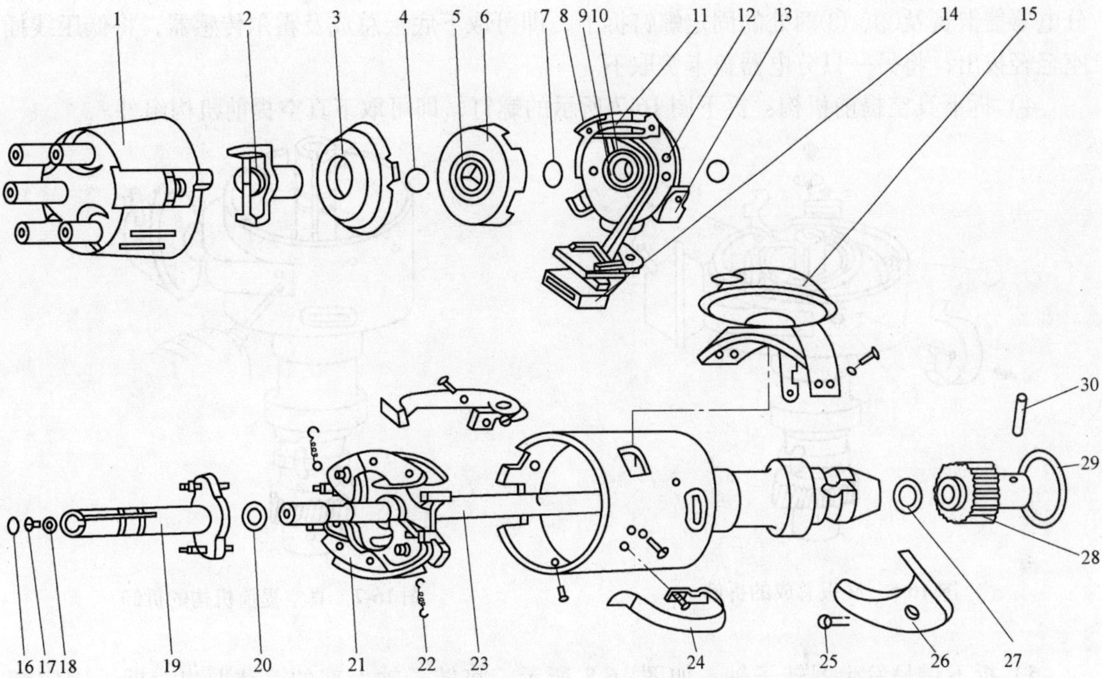

图 16-3　上海桑塔纳用无触点电子点火装置中分电器的分解图

1—分电器盖　2—分火头　3—防尘罩　4、7—挡圈　5、12、30—销子　6—触发器转子　8—断电器活动底板　9—卡环　10—垫圈　11—霍尔传感器　13—断电器固定底板　14—插座　15—真空提前机构　16—毛毡　17、25—螺钉　18—垫圈　19—触发器转子轴　20、27—平垫圈　21—离心提前机构　22—弹簧　23—分电器轴　24—分电器盖卡簧　26—压板叉　28—分电器齿轮　29—O 形密封圈

1）按顺序拆下分电器盖，再拆下分火头、防尘罩（见图 16-4）。

2）拆下触发器转子：用专用工具取下弹簧挡圈（见图 16-5），然后用两把一字旋具插入转子相对的两个槽内，以分电器壳为支点，小心撬下触发器转子。

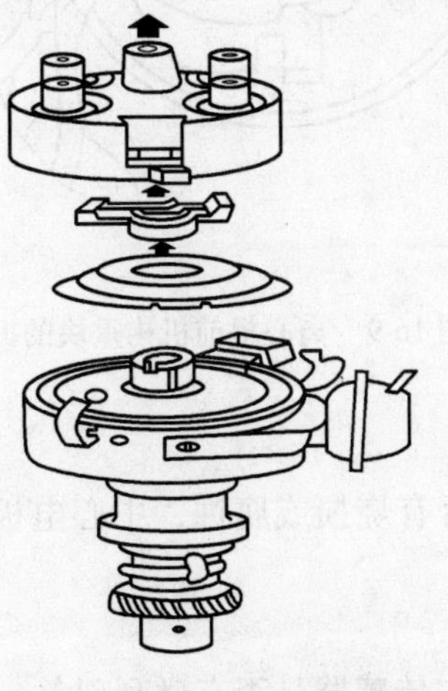

图 16-4　分火头、防尘罩的拆卸

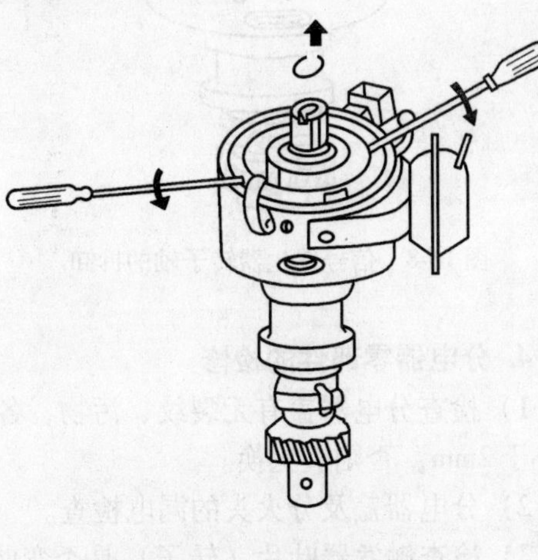

图 16-5　弹簧挡圈的拆卸

3）拆下底板总成（带霍尔传感器）：用专用工具取下图16-6所示的卡簧，再将①处的分电器盖卡簧及②、③两处的固定螺钉拆下，即可取下底板总成及霍尔传感器，将低压线插座轻轻拔出，将另一只分电器盖卡簧取下。

4）拆下真空提前机构：拆下图16-7所示的螺钉，即可取下真空提前机构组件。

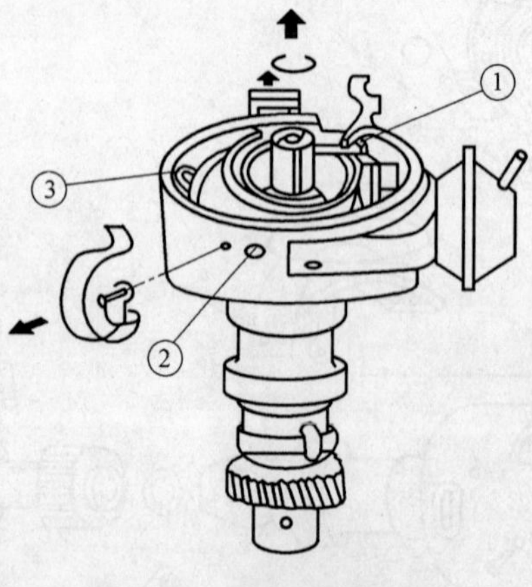

图16-6 底板总成的拆卸

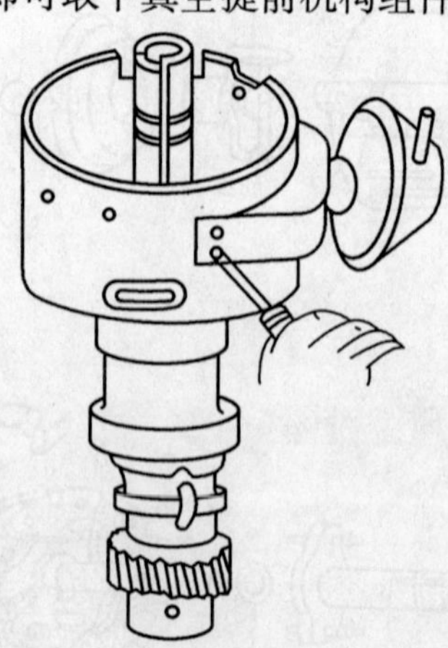

图16-7 真空提前机构的拆卸

5）拆下信号发生器转子轴：如图16-8所示，将转子轴上部的毛毡取出，拆下固定螺钉，取下与其相连的两个弹簧，即可取下该轴。

6）拆下离心提前机构重块（见图16-9）。

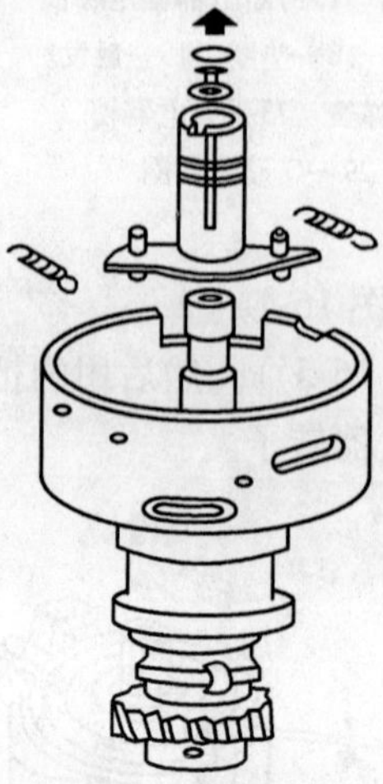

图16-8 信号发生器转子轴的拆卸

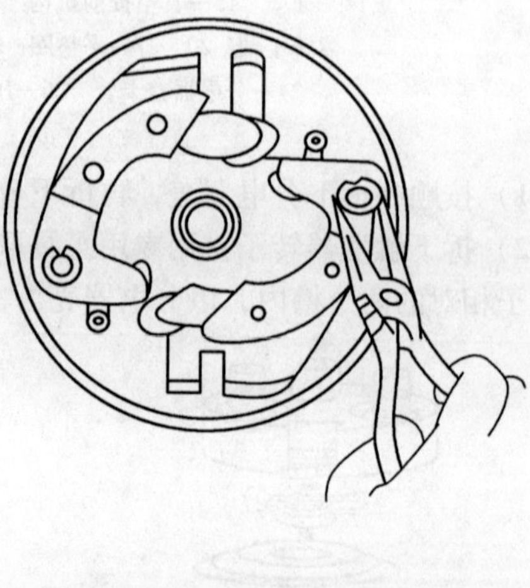

图16-9 离心提前机构重块的拆卸

4. 分电器零部件的检修

1）检查分电器盖有无裂纹、污物，各插座电极是否有烧损或腐蚀，中心电极的长度应不小于2mm，否则应更换。

2）分电器盖及分火头的漏电检查。

3）检查触发器叶片（转子）是否弯曲变形，与霍尔传感器是否有碰刮现象。

4）信号发生器转子轴和分电器轴径向间隙应不大于0.05mm，如图16-10所示。若轴向磨出台阶，应在车床上车削后抛光，并在信号发生器转子轴向重新下套修复。

5）分电器轴的弯曲度应不大于0.05mm，检查方法见图16-11，若超过范围应校正。

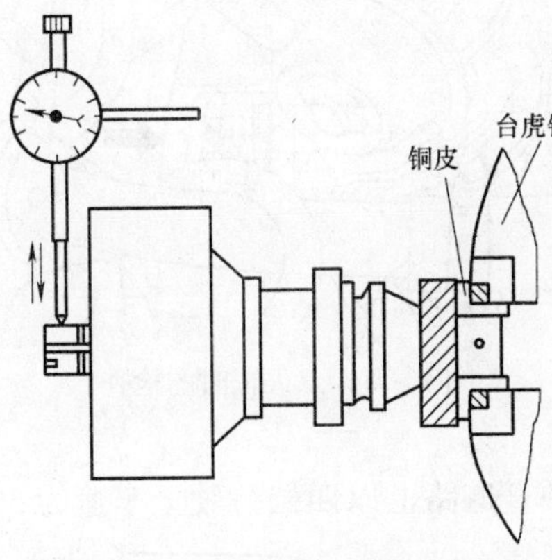

图16-10　转子轴和分电器轴径向间隙测量

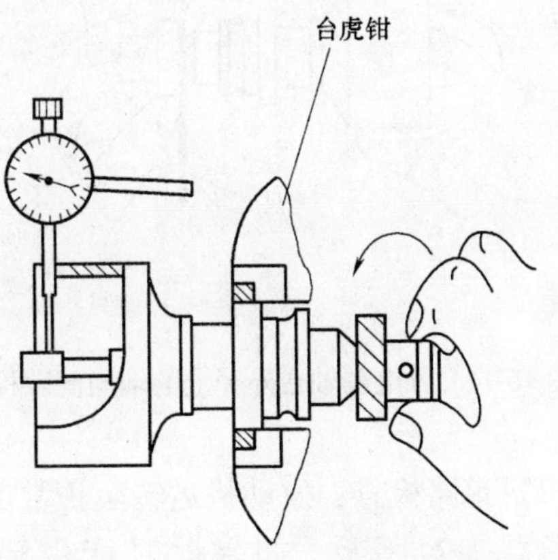

图16-11　分电器轴的弯曲度检查

6）检查分电器轴与衬套的配合间隙，应不大于0.05mm，检查方法如图16-12所示。

7）分电器底板与霍尔传感器活动盘在转动时应只有轻微阻力。用手转动时如果感觉阻力过大或明显阻滞，可先滴润滑油润滑，若仍不符合要求，应将其拆开，用细砂纸打磨，直至转动灵活（见图16-13）。

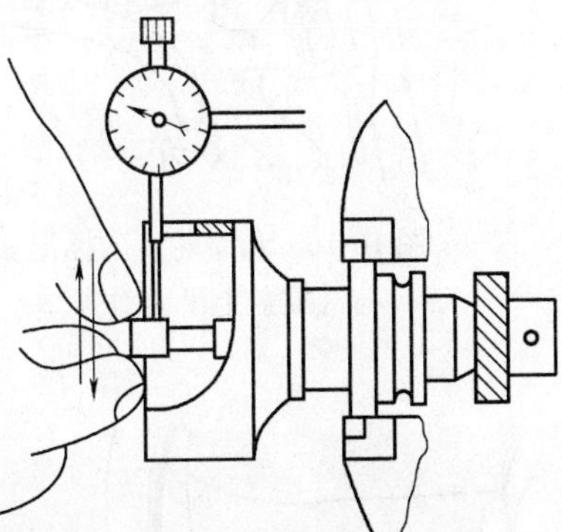

图16-12　分电器轴与衬套的配合间隙检查

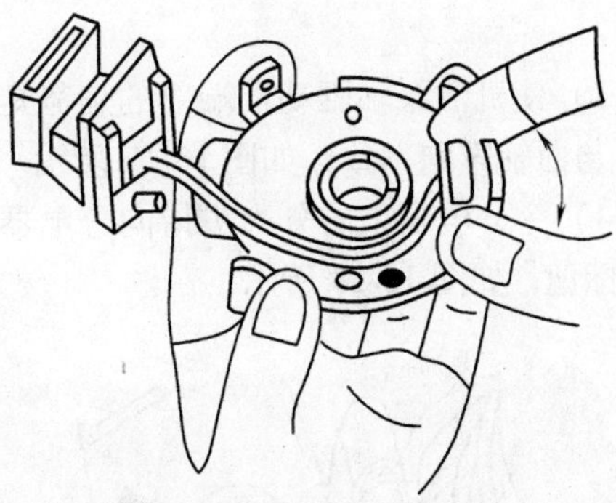

图16-13　分电器底板与霍尔传感器活动盘的转动调整

8）分电器轴在外壳上的轴向间隙应在0.08～0.25mm范围内，检查方法如图16-14所示，如果间隙过大，可通过加垫片来调整。

9）分电器齿轮磨损后的侧隙应不大于0.015mm，否则应修理或更换。

5. 点火正时检查、调整

（1）点火正时的检查

1）利用正时灯检查：让发动机运转至正常工作温度。在怠速运转时，正时灯亮时恰好能照到飞轮上的正时记号与变速器壳上的刻线对齐，如图16-15所示。

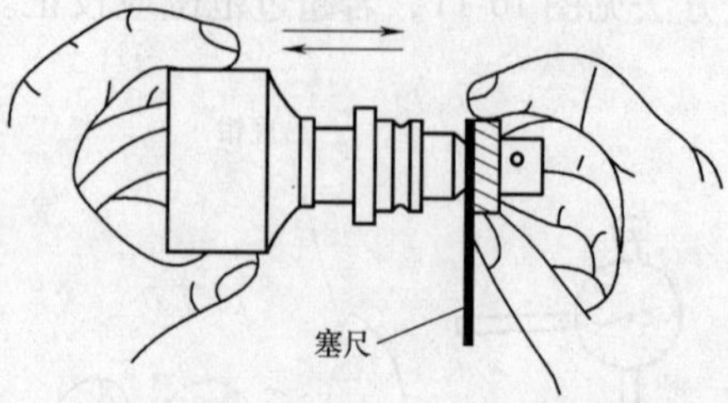

图 16-14 分电器轴在外壳上的轴向间隙检查

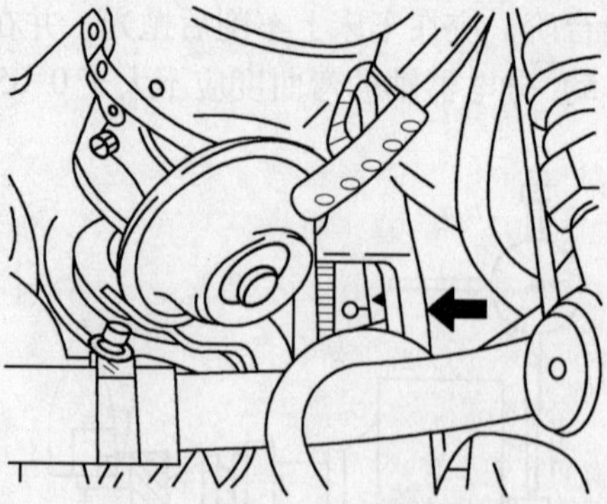

图 16-15 点火正时的检查

2）道路检查：发动机运转至正常工作温度，在平直道路上以四档行驶至车速为 50km/h，急踩加速踏板，如果此时产生轻微爆燃声（“塔、塔”声），而车速达 70km/h 就消失，说明点火正时恰当。

（2）点火正时的设定

1）将飞轮上的标记“O”与变速器壳观察孔上的标记对齐，如图 16-15 所示。

2）拆开凸轮轴齿带轮护罩，转动发动机，使齿带轮上的标记与气缸盖上平面对齐，如图 16-16 所示。

3）使机油泵轴驱动端端部的扁势矩形块长边方向与曲轴方向一致，如图 16-17 所示。

4）令分电器上的分火头指向分电器壳体上的 1 缸标记，如图 16-18 所示。

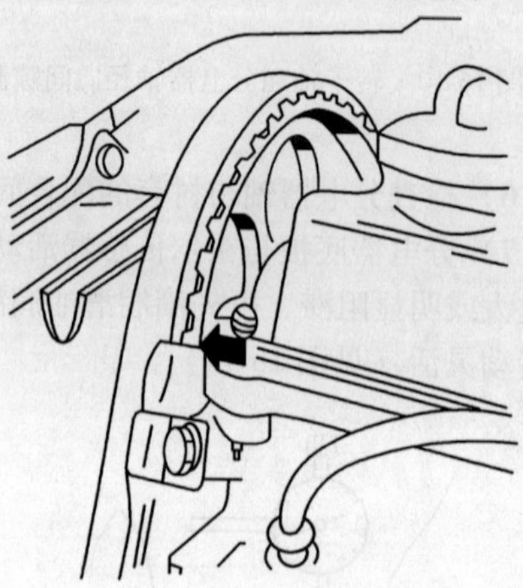

图 16-16 齿带轮上的标记与气缸盖上平面对齐

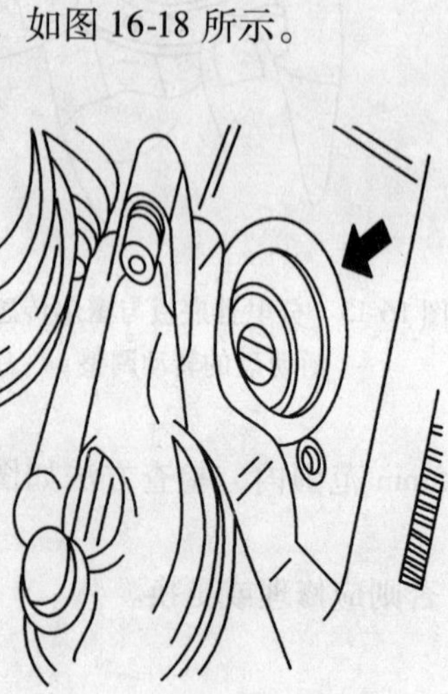

图 16-17 扁势矩形块长边方向与曲轴方向一致

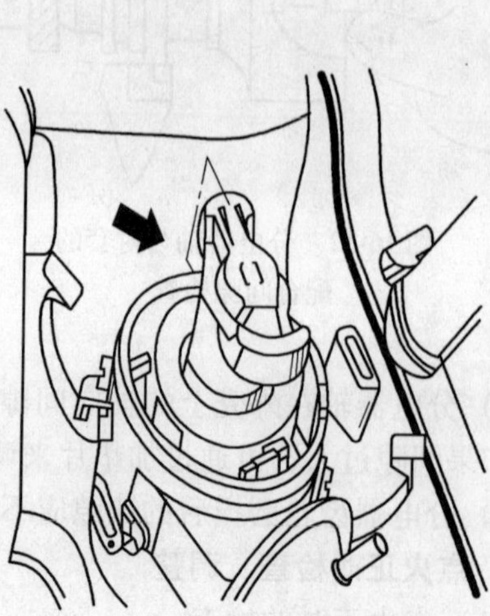

图 16-18 分火头指向分电器壳体

5）将分电器总成插入安装孔，使其轴端端部凹槽与机油泵轴驱动端部扁势相匹配，并进行点火初始角调整，最后用压紧板固定好，并将车辆起动进行微调和路试。

①初始角的调整：若初始角为曲轴转角6°时（指点火提前角），在分电器压板未固定前，将分电器壳体逆时针转动30°，然后固定分电器。

②点火正时微调：若经上述正时调整后仍不恰当，可将分电器压板松开，顺时针转动分电器外壳，点火时间将滞后，逆时针转动则点火时间提前。这种微调也适用于分电器未从发动机上拔出来或虽然分电器拔出但未转动发动机曲轴情况下的点火时间调整。

6. 分电器的装配

1）将所有零部件擦拭干净，在分电器轴与壳体、信号发生器转子、离心提前重块等有相对转动的部位涂上清洁的润滑油。

2）将离心重块装到分电器轴的托架上，将两重块轴上的卡环装回（见图16-19）。

3）将调整垫、信号发生器转子轴装到分电器轴上，如图16-20所示，并用平垫、固定螺钉将转子固定好。应检查转子在分电器轴上是否有轴向间隙，若有明显间隙，应进行调整。然后放入油毡并滴入润滑油，挂好两个弹簧后，按顺时针方向转动转子时应转动灵活，并能自动回位。

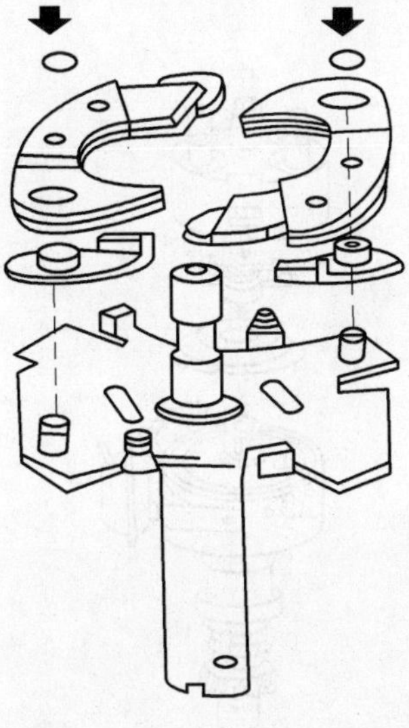

图16-19　离心重块的装配

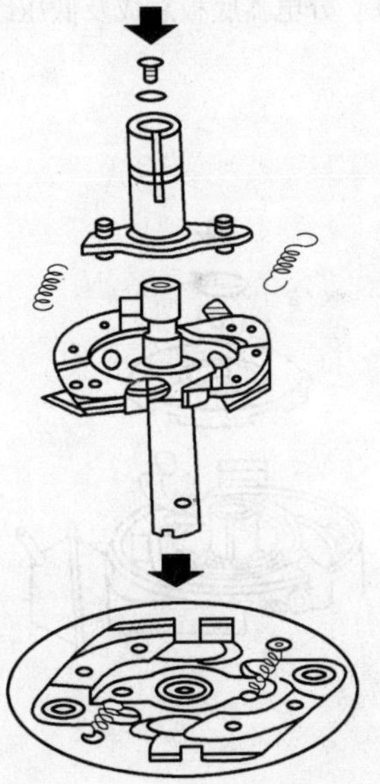

图16-20　将调整垫、信号发生器转子轴装到分电器轴上

4）装上分电器底板总成及低压线束插座，如图16-21所示。由于真空提前机构及分电器盖卡簧共用一个螺钉固定，因此应暂不装回固定螺钉。

5）安装真空提前机构，如图16-22所示。先将分电器带霍尔传感器的活动底板逆时针转至极限位置，将膜片拉杆连接销孔套在活动底板上的销钉上，通过转动底板来回试一下，有一定阻力即可。

6）装上转子、销子及转子挡圈。注意加装调整垫片，使信号发生器转子在轴上无明显轴向间隙（见图 16-23）。

7）依次装回防尘罩、分火头、分电器盖，如图 16-24 所示。

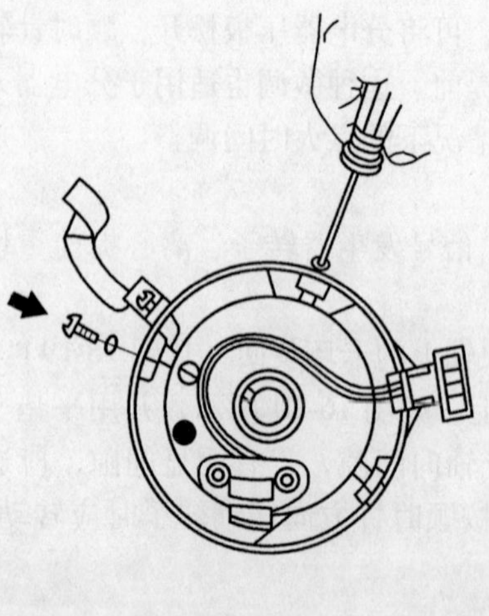

图 16-21 分电器底板总成及低压线束连接

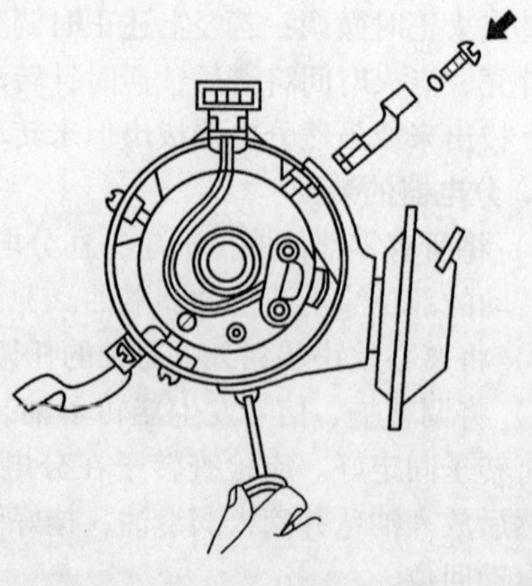

图 16-22 安装真空提前机构

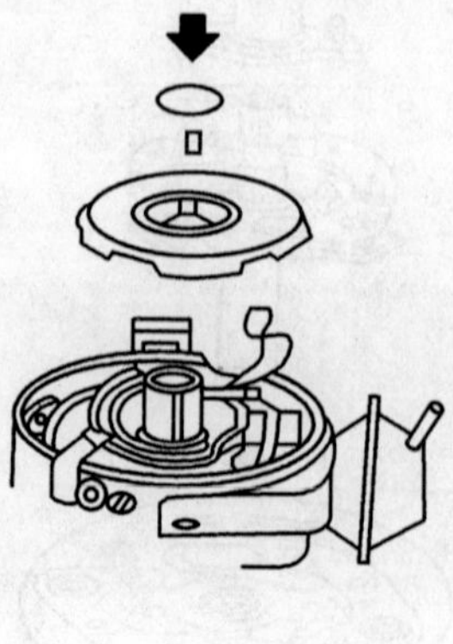

图 16-23 信号发生器转子轴的轴向间隙调整

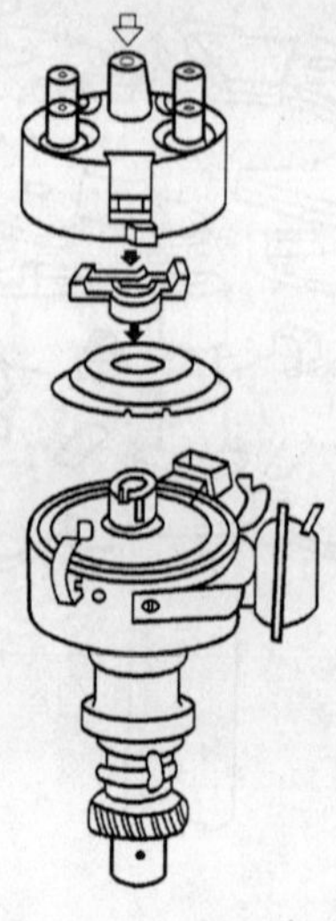

图 16-24 防尘罩、分火头、分电器盖的装配

五、注意事项

1）安装时，所有螺栓和螺母的紧固力矩应符合规定，所有自锁螺母必须更换新件。

2）装复时，各零件应清洁干净，确保无油污、无残留物。

六、评分标准

序号	考核项目	配分	考核内容	评分标准	扣分	得分	考核记录
1	工作态度	10	迟到、早退、旷工	迟到、早退每次扣5分，旷课一节扣10分			
			嬉戏打闹	酌情扣分			
			认真、严谨、团结、协作	酌情给分			
2	安全文明操作	10	遵守安全操作规程，正确使用工量具，操作现场整洁	酌情给分			
			安全用电、火，无人身、设备事故	因违规操作发生重大人身和设备事故，此题按0分计			
3	考核过程	15	分电器的拆卸（口述）	根据叙述内容是否正确酌情给分			
		15	分电器的装配（口述）	根据叙述内容是否正确酌情给分			
		10	分电器轴间隙的检查与调整	根据操作步骤是否正确酌情给分			
		10	分电器轴弯曲度的检查	根据操作步骤是否正确酌情给分			
		20	点火正时的调整	根据操作步骤是否正确酌情给分			
4	考核结果	10	任务完成时间	酌情给分			
			任务完成质量	酌情给分			
5	分数	100					

七、实训报告

实训项目：__________

姓名：__________ 学号：__________	班级：__________ 日期：__________

一、工具和材料

答：______________________________

____

二、实训练习

1. 分电器的拆卸步骤是怎样的？

答：______________________________

____

____

2. 分电器的装配步骤是怎样的？

答：______________________________

____

____

____

（续）

3. 分电器轴的弯曲度和间隙的调整是怎样的？

答：

4. 点火正时的调整方法是怎样的？

答：

三、指导教师评语

实训任务十七　起动机的拆装与检修

一、实训目标

1. 知识目标

1）掌握起动机的组成、结构和工作原理。

2）学会正确拆卸与装配起动机。

2. 技能目标

1）通过拆装掌握起动机的结构，熟练拆装技巧。

2）初步了解起动机的调整。

二、实训设备、仪器和工具

1. 实训设备

典型车型的起动机 1 台（以 QD124H 型起动机为例）。

2. 实训工具

蓄电池、卡尺、导线、锉刀、砂纸、万用表、千分表及拆装工具（一字螺钉旋具、十字螺钉旋具、钢丝钩、呆扳手等）。

三、相关内容

1. 起动系统的作用

起动系统的作用是在正常使用条件下，通过起动机将蓄电池储存的电能转变为机械能带动发动机以足够高的转速运转，以便发动机顺利起动。

2. 对起动系统的基本要求

1）起动机的功率应和发动机起动所必需的功率相匹配，以保证起动机产生的电磁力矩大于发动机的起动阻力矩，带动发动机以高于最低起动转速的转速运转。

2）蓄电池的容量必须和起动机的功率相匹配，保证为起动机提供足够大的起动电流和必要的持续时间。

3）起动电路的连接要可靠，起动主电路导线电阻和接触电阻要尽可能小，一般都在 0.01Ω 以下。因此，起动主电路的导线截面积比普通的导线截面积大得多，并且连接要非常牢固、可靠。

4）发动机起动后，起动机小齿轮自动与发动机飞轮退出啮合或滑转，防止发动机带动起动机运转。

3. 起动机的基本组成

起动机是起动系统的核心，主要由直流电动机、传动机构和控制装置三部分组成。

4. 起动机分类

1）按控制装置的操纵方式分为机械操纵起动机和电磁操纵起动机。

2）按直流电动机磁场产生的方式分为永磁起动机和励磁起动机。

3）按传动机构有无减速装置分为减速起动机和非减速起动机（普通起动机）。

4）按驱动齿轮的啮入方式分为惯性啮合式起动机、电枢移动式起动机、齿轮移动式起动机和强制啮合式起动机。

四、实训操作步骤

1. 起动机的分解

图 17-1 所示为起动机的分解图。

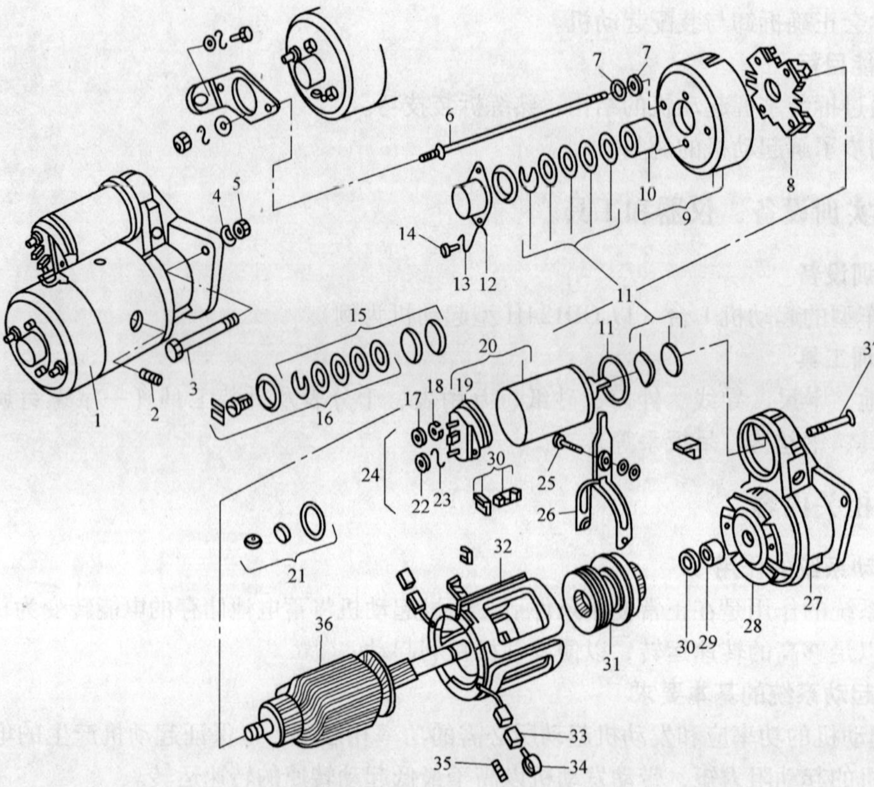

图 17-1 起动机的分解图

1—起动机总成 2—励磁绕组固定螺栓 3—起动机固定螺栓 4、18、23—弹性垫圈 5、17、22—螺母 6—端盖连接螺栓 7—垫圈 8—电刷架 9—电刷端盖 10—衬套 11—垫片组件（配件成组供应） 12—衬套座 13—弹性垫圈 14—螺钉 15—垫片组件 16—活动接柱的垫片组件（包括 24） 19—电磁开关端盖 20—电磁开关总成 21—垫块及密封圈 24—电磁开关活动接柱组件 25—拨叉销 26—拨叉 27—驱动端端盖 28—中间支承盘 29—电枢轴驱动齿轮衬套 30—止动垫圈 31—驱动齿轮与单向离合器 32—励磁绕组 33—电刷 34—电刷弹簧 35—弹簧 36—电枢 37—螺栓

1）如图 17-2 所示，用扳手旋下电磁开关的接线柱“30”及“50”的螺母，取下导线。

2）如图 17-3 所示，旋下起动机贯穿螺钉和衬套螺钉，取下衬套座和端盖，取出垫片组件和衬套。

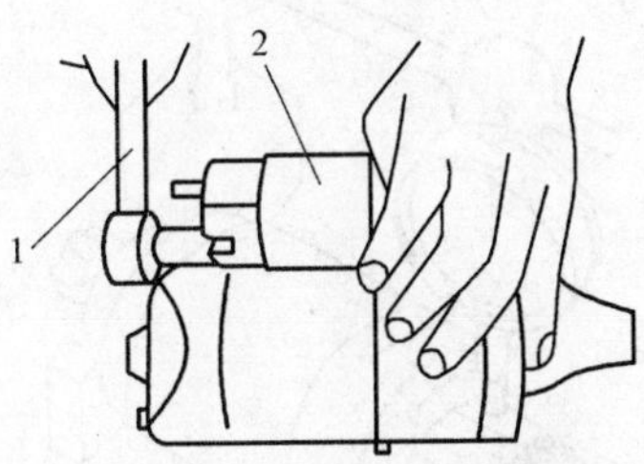

图 17-2 起动机导线的拆卸

1—扳手 2—电磁开关

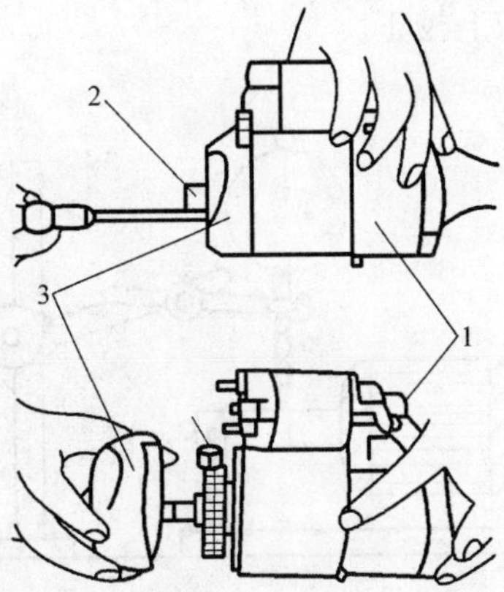

图 17-3 起动机衬套及端盖的拆卸

1—起动机 2—衬套座 3—端盖

3）如图 17-4 所示，用尖嘴钳将电刷弹簧抬起，拆下电刷架及电刷。

4）如图 17-5 所示，取下励磁绕组后，用扳手旋下螺栓，从驱动端端盖上取下电磁开关总成。

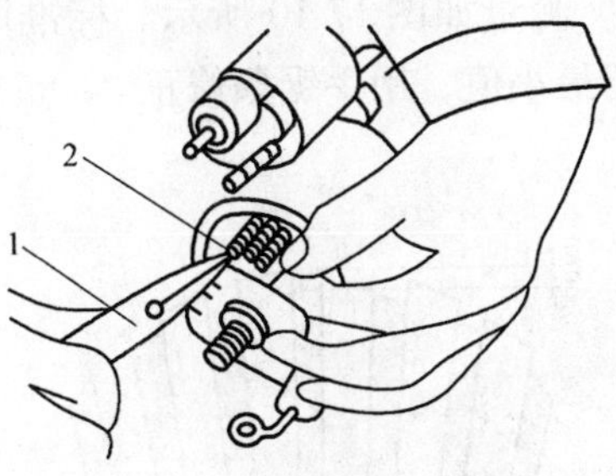

图 17-4 起动机电刷的拆卸

1—尖嘴钳 2—电刷弹簧

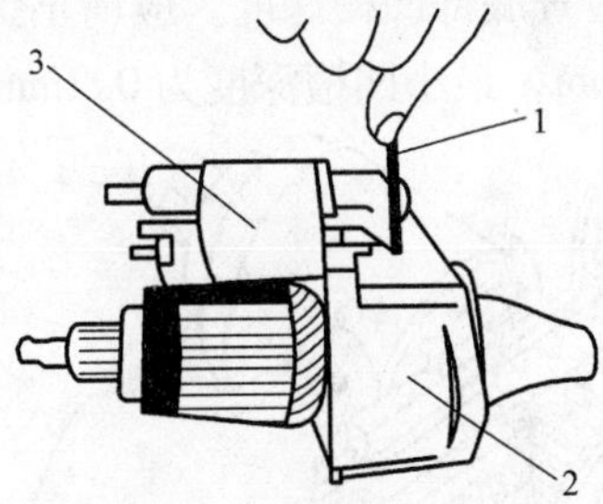

图 17-5 起动机电磁开关的拆卸

1—扳手 2—驱动端盖 3—电磁开关

5）如图 17-6 所示，在取出转子后，从端盖上取下传动叉，然后取出驱动齿轮与单向离合器，再取出驱动齿轮端衬套。

2. 起动机的检查

（1）电枢轴的检查 用千分表检查起动机电枢轴是否弯曲，如图 17-7 所示。若摆差超过 0. 10mm，应进行校正。若电枢轴上的花键齿槽严重磨损或损坏，应进行修复或更换。电枢轴轴颈与衬套的配合间隙不得超过 0. 15mm；若间隙过大，应更换新套，进行铰配。

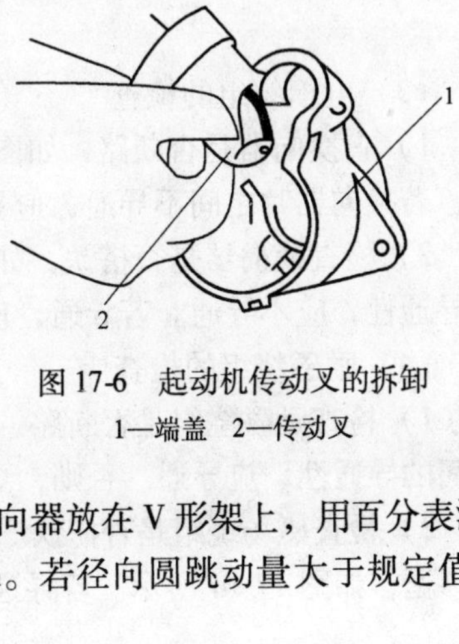

图 17-6 起动机传动叉的拆卸

1—端盖 2—传动叉

（2）换向器的检查

1）检查换向器有无脏污和表面烧蚀，若出现此情况，用 400 号砂纸或在车床上修整。

2）检查换向器的径向圆跳动量，如图 17-8 所示。将换向器放在 V 形架上，用百分表测量圆周上径向圆跳动量，最大允许径向圆跳动量为 0. 05mm。若径向圆跳动量大于规定值，应在车床上校正。

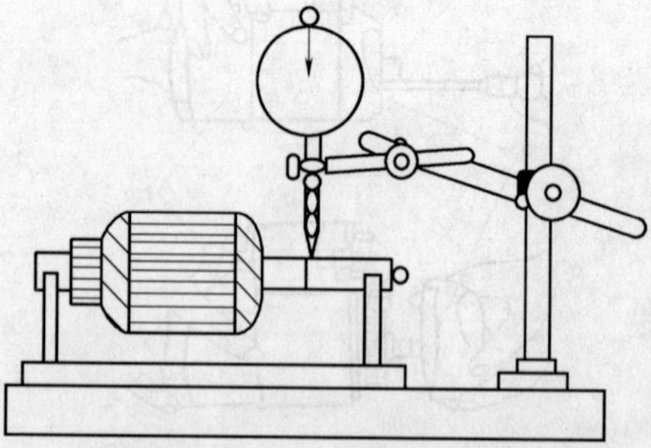

图 17-7 电枢轴弯曲度的检查

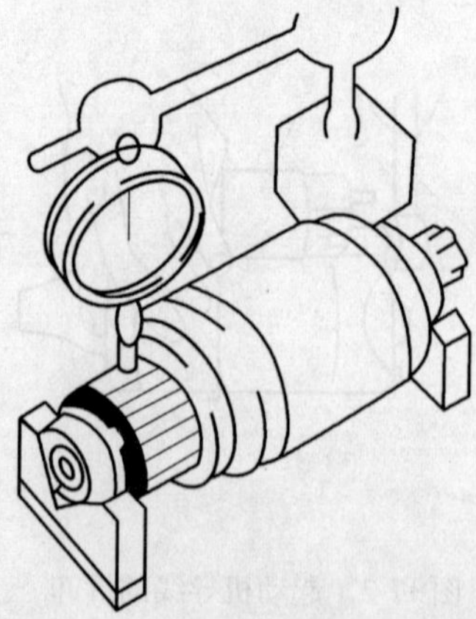

图 17-8 检查换向器径向圆跳动量

3）用游标卡尺测量换向器的直径，如图 17-9 所示。其标准值为 30. 0mm，最小直径为 29. 0mm。若直径小于最小值，应更换电枢。

4）检查底部凹槽深度。应清洁无异物，边缘光滑。测量如图 17-10 所示。标准凹槽深度为 0. 6mm，最小凹槽深度为 0. 2mm。若凹槽深度小于最小值，用手锯条修正。

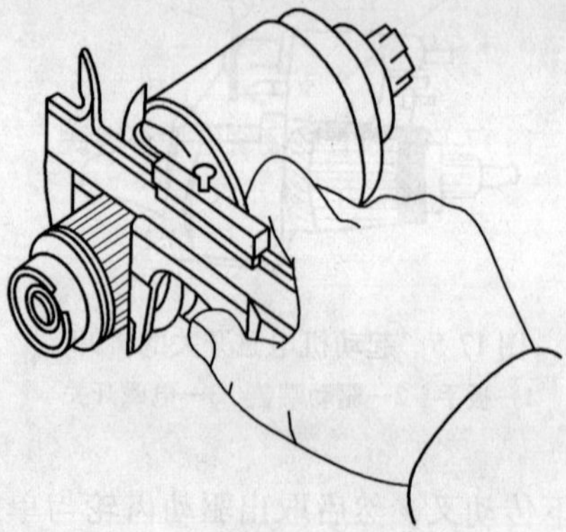

图 17-9 检查换向器直径

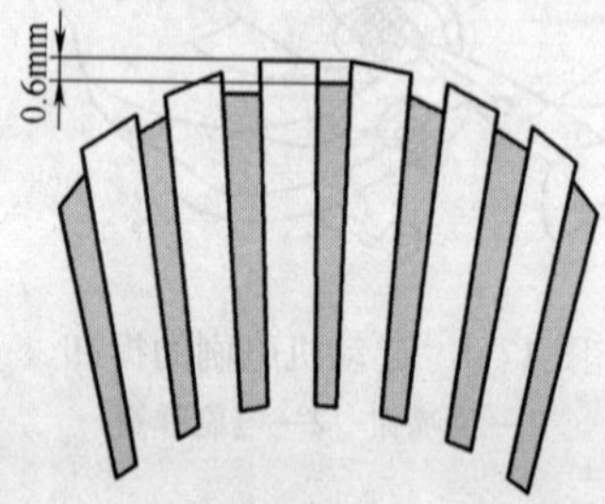

图 17-10 检查换向器底部凹槽深度

（3）电枢绕组的检查

1）查换向器是否断路，如图 17-11 所示。用欧姆表检查换向器片之间的导通性，应导通。若换向器片之间不导通，应更换电枢。

2）检查换向器是否搭铁，如图 17-12 所示。用欧姆表检查换向器与电枢绕组铁心之间的导通性，应不导通。若导通，应更换电枢。

（4）励磁绕组的检查

1）检查励磁绕组是否断路，如图 17-13 所示。用欧姆表检查引线和磁场绕组电刷引线之间的导通性，应导通。否则，更换磁极框架。

2）检查磁场绕组是否搭铁。用欧姆表检查磁场绕组末端与磁极框架之间的导通性，应不导通，如图 17-14 所示。若导通，修理或更换磁极框架。

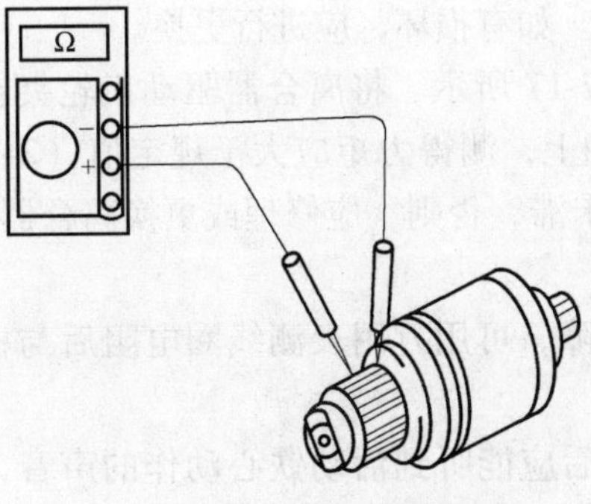

图 17-11 检查换向器是否断路

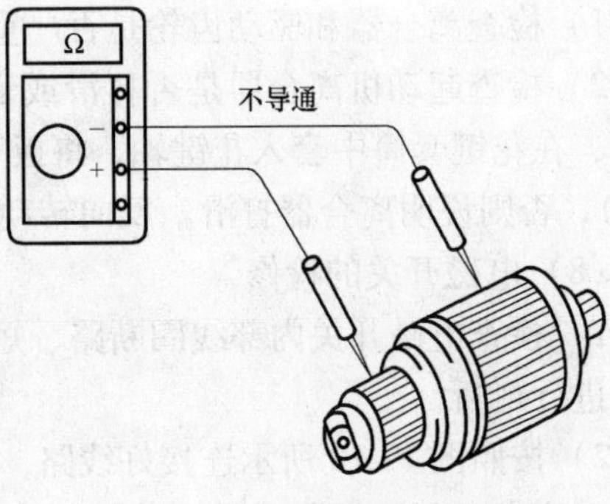

图 17-12 检查换向器是否搭铁

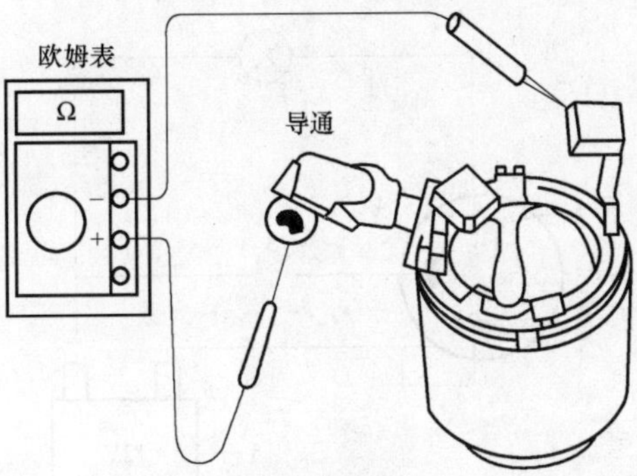

图 17-13 检查磁场绕组是否断路

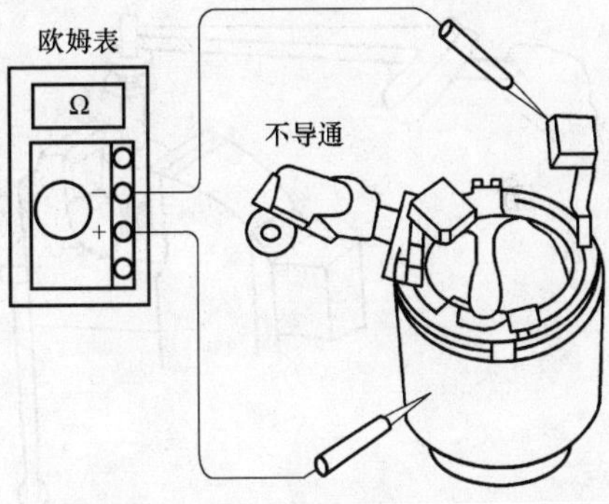

图 17-14 检查磁场绕组是否搭铁

（5）电刷弹簧的检查 检查电刷弹簧如图 17-15 所示，读取电刷弹簧从电刷分离瞬间的拉力计读数。标准弹簧安装载荷为 17～23N，最小安装载荷为 12N。若安装载荷小于规定值，应更换电刷弹簧。

（6）电刷架的检查 用欧姆表检查电刷架正极（+）与负极（-）之间的导通性，应不导通，如图 17-16 所示。若导通，修理或更换电刷架。

图 17-15 检查电刷弹簧载荷

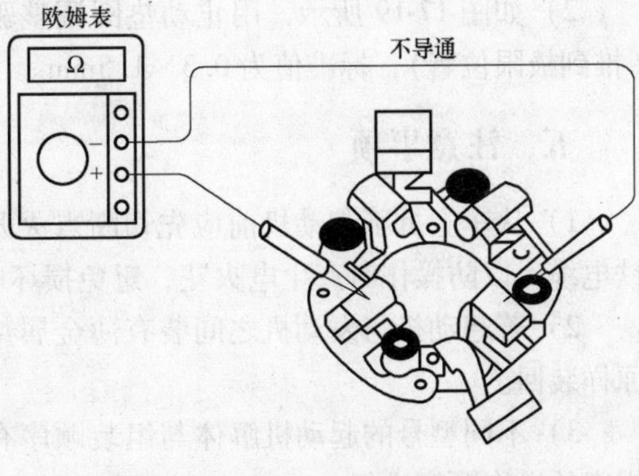

图 17-16 检查电刷架绝缘情况

（7）离合器和驱动齿轮的检查

1）检查离合器和驱动齿轮是否严重损伤或磨损。如有损坏，应进行更换。

2）检查起动机离合器是否打滑或卡滞，如图 17-17 所示。将离合器驱动齿轮夹在台虎钳上，在花键套筒中套入花键轴，将扳手接在花键轴上，测得力矩应大于规定值（24～26N·m），否则说明离合器打滑。反向转动离合器应不卡滞，否则，应修理或更换离合器总成。

（8）电磁开关的检修

1）检查电磁开关内部线圈断路、短路或搭铁故障，可用万用表测线圈电阻后与标准值比较进行判断。

2）按照图 17-18 所示连接好线路，接通开关 S 后应能听到活动铁心动作的声音，同时试灯 L 应亮，开关 S 断开后，试灯 L 应立即熄灭。否则，应更换电磁开关或更换起动机总成。

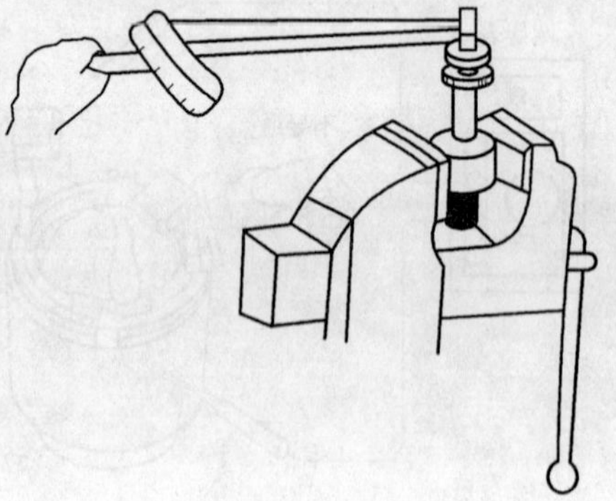

图 17-17 检查起动机离合器工作是否正常

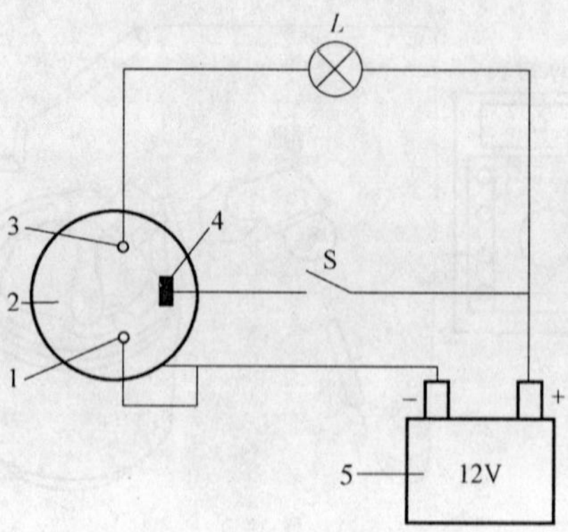

图 17-18 电磁开关的检查

1—磁场线圈接线柱 2—起动机开关 3—蓄电池接线柱 4—点火开关接线柱 5—蓄电池

3. 起动机的组装

可按与起动机分解相反的顺序进行，但应注意以下事项：

1）安装时，衬套中应涂上润滑脂。

2）如图 17-19 所示，用止动垫圈调整驱动齿轮的轴向间隙（推到极限位置），标准值为 0.3～1.5mm。

五、注意事项

1）从车上拆下起动机前应先切断点火开关、拆下蓄电池搭铁电缆，以防操作时产生电火花，避免损坏电子元件。

2）若起动机与发动机之间装有薄金属垫片，在装配时应按原样装回。

3）不同型号的起动机解体与组装顺序有所不同，应按厂家规定的操作顺序进行。

4）部分组合件无故障时不必彻底解体，如电磁开关、定子

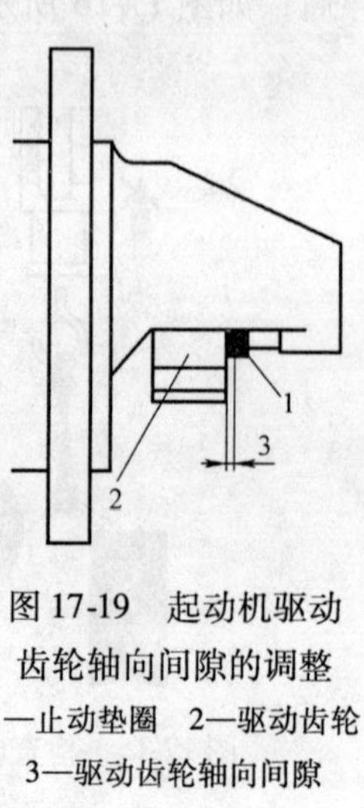

图 17-19 起动机驱动齿轮轴向间隙的调整

1—止动垫圈 2—驱动齿轮 3—驱动齿轮轴向间隙

铁心及绕组。

5）组装时，各螺栓应按规定转矩旋紧，应检查调整各部分间隙。

6）部分起动机组装时接合面应涂密封剂。

7）各润滑部位应使用厂家规定的润滑剂润滑。

六、评分标准

序号	考核项目	配分	考核内容	评分标准	扣分	得分	考核记录
1	工作态度	10	迟到、早退、旷工	迟到、早退每次扣5分，旷课一节扣10分			
			嬉戏打闹	酌情扣分			
			认真、严谨、团结、协作	酌情给分			
2	安全文明操作	10	遵守安全操作规程，正确使用工量具，操作现场整洁	酌情给分			
			安全用电、火，无人身、设备事故	因违规操作发生重大人身和设备事故，此题按0分计			
3	考核过程	15	起动机的分解（口述）	根据叙述内容是否正确酌情给分			
		15	起动机的组装（口述）	根据叙述内容是否正确酌情给分			
		20	电枢轴、电枢绕组的检查	根据操作内容是否正确酌情给分			
		10	整流子的检查、励磁绕组检查	根据操作步骤是否正确酌情给分			
		10	离合器驱动齿轮的检查	根据操作步骤是否正确酌情给分			
4	考核结果	10	任务完成时间	酌情给分			
			任务完成质量	酌情给分			
5	分数	100					

七、实训报告

实训项目：________

姓名：________ 学号：________	班级：________ 日期：________

一、工具和材料

答：____

二、实训练习

1. 起动机的分解步骤是怎样的?

答：____

（续）

2. 电枢轴的检查方法是怎样的？

答：

3. 电枢绕组的检查方法是怎样的？

答：

4. 励磁绕组的检查方法是怎样的？

答：

5. 起动机的拆装注意事项有哪些？

答：

三、指导教师评语

项目七　发动机总成的拆装与发动机的维护

实训任务十八　桑塔纳2000AJR型发动机总成的拆装

一、实训目标

1. 知识目标

1）掌握汽车发动机的基本构造与工作原理。

2）理解汽车发动机各组成系统的结构与工作原理。

3）掌握汽车发动机总成、各零部件及其相互间的连接关系、拆装方法和步骤及注意事项。

2. 技能目标

1）学会汽车发动机常用拆装工具和仪器设备的正确使用。

2）学会汽车发动机的总体拆装、调整和各系统主要零部件的正确拆装。

3）学会汽车发动机主要零部件的检查测量。

4）了解安全操作常识，熟悉零部件拆装后的正确放置、分类及清洗方法，培养良好的工作和生产习惯。

5）锻炼和培养动手能力。

二、实训设备、仪器和工具

1. 实训设备

桑塔纳2000AJR型发动机、吊装设备。

2. 实训仪器和工具

常用拆装工具1套（包括呆扳手、梅花扳手、套筒扳手、活扳手、内六方扳手、尖嘴钳、一字旋具、十字旋具、锤子、扭力表、撬杠、冲头等）、火花塞套筒、机油滤清器拆装专用扳手、气门拆装钳、镊子、活塞环卡箍、桑塔纳专用拆装工具、游标卡尺、塞尺、百分表。

三、相关知识

发动机由两大机构、五大系统组成。

1. 曲柄连杆机构

曲柄连杆机构是发动机实现工作循环、完成能量转换的主要运动零件。它由机体组、活塞连杆组和曲轴飞轮组等组成。

2. 配气机构

配气机构的功用是根据发动机的工作顺序和工作过程，定时开启和关闭进气门和排气门，使可燃混合气或空气进入气缸，并使废气从气缸内排出，实现换气过程。进、排气门的开闭由凸轮轴控制。凸轮轴由曲轴通过齿形带或齿轮或链条驱动。进、排气门和凸轮轴以及其他一些零件共同组成配气机构。

3. 燃料供给系统

汽油机燃料供给系统的功用是根据发动机的要求，配制出一定数量和浓度的混合气后供入气缸，并将燃烧后的废气从气缸内排出到大气中去。

4. 润滑系统

润滑系统的功用是向作相对运动的零件表面输送定量的清洁润滑油，以实现液体摩擦，来减小摩擦阻力、减轻机件的磨损，并对零件表面进行清洗和冷却，在运动零件之间形成油膜，提高其密封性和防腐蚀性。润滑系统通常由润滑油道、机油泵、机油滤清器和一些阀门等组成。

5. 冷却系统

冷却系统的功用是将受热零件吸收的部分热量及时散发出去，以保证发动机在最适宜的温度状态下工作。水冷发动机的冷却系统通常由冷却液套、水泵、风扇、散热器、节温器等组成。

6. 点火系统

在汽油机中，气缸内的可燃混合气是靠电火花点燃的。在汽油机的气缸盖上装有火花塞，火花塞的头部伸入燃烧室内。点火系统通常由蓄电池、发电机、分电器、点火线圈和火花塞等组成。

火花塞有一个中心电极和一个侧电极，两电极之间是绝缘的。当在火花塞两电极间加上直流电压并且电压升高到一定值时，火花塞两电极之间的间隙就会被击穿而产生电火花。能够在火花塞两电极间产生电火花所需要的最低电压称为击穿电压。

7. 起动系统

要使发动机由静止状态过渡到工作状态，必须先用外力转动发动机的曲轴，使活塞做往复运动，气缸内的可燃混合气燃烧膨胀做功，推动活塞向下运动使曲轴旋转，发动机才能自行运转，工作循环才能自动进行。曲轴在外力作用下开始转动到发动机开始自动地怠速运转的全过程，称为发动机的起动。完成起动过程所需的装置称为发动机的起动系统。

四、实训操作

1. AJR 型发动机总成的拆卸

一般在拆卸发动机前，应先断开或松开所有电缆插头，并将发动机与变速器脱离，然后从前面将发动机拆卸下来。其具体的拆卸步骤如下：

1）在点火开关断开的情况下拆下蓄电池搭铁线。

2）拆下蓄电池。注意先向外拉出后再取下。

3）旋松蓄电池支架紧固螺栓，拆下蓄电池支架，如图 18-1 所示。

4）在发动机下放置一个收集盘。

5）旋开冷却液储液罐盖。

6）如图 18-2 所示，松开散热器下水管夹箍，拔下散热器的下水管，放出冷却液。冷却液必须用干净的容器予以收集，用于处理或再使用。

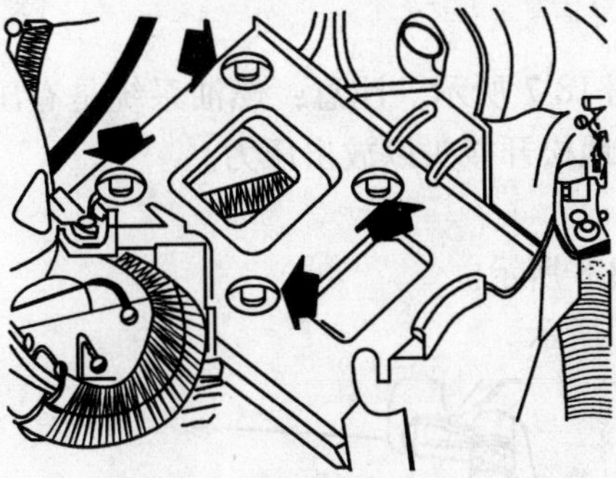

图 18-1　蓄电池支架的拆卸

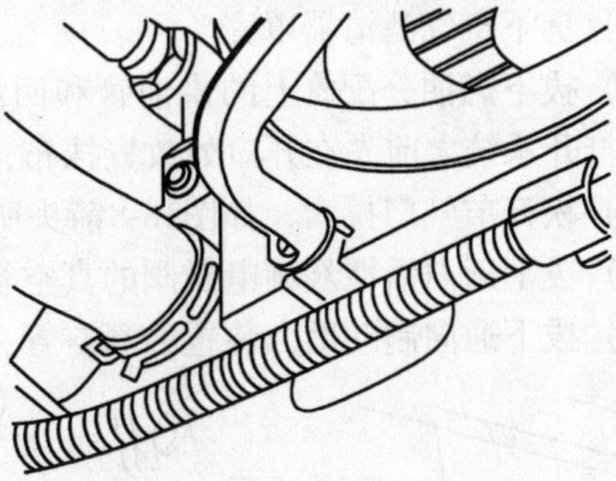

图 18-2　拔下散热器的下水管

7）拔下电动冷却风扇的电线接头，如图 18-3 所示。

8）拔下散热器左侧的热敏开关接头，如图 18-4 所示。

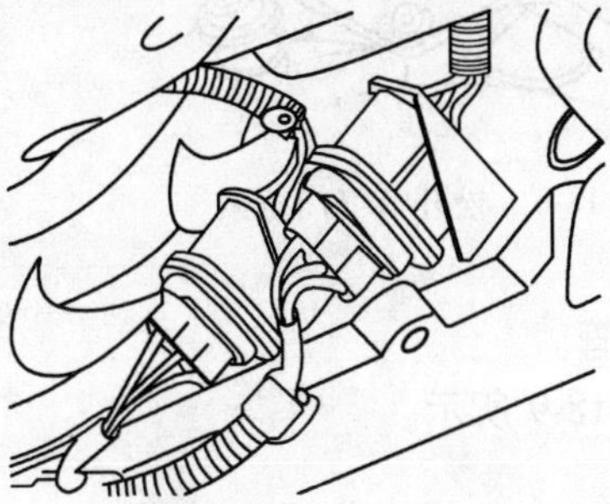

图 18-3　拔下电动冷却风扇的电线接头

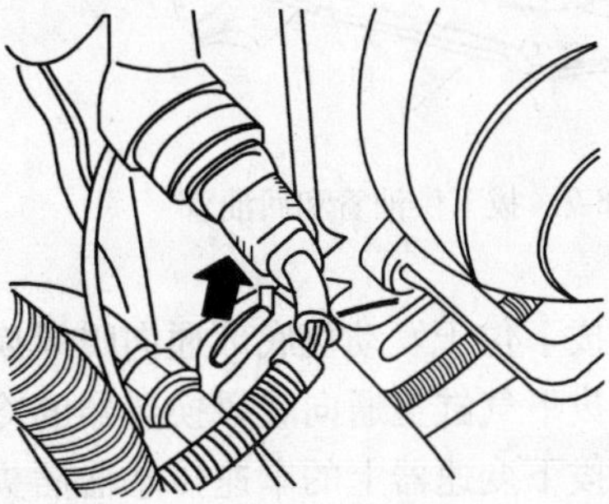

图 18-4　拔下散热器左侧的热敏开关接头

9）松开散热器上水管的夹箍，拔下散热器的上水管。

10）旋松电动冷却风扇的 4 个紧固螺栓，拆下电动冷却风扇和散热器。

11）拔下空气流量计的电线接头，如图 18-5 所示。

12）拔下活性炭罐电磁阀（ACF 阀）的电线接头，如图 18-6 所示。

13）从空气滤清器上取下活性炭罐电磁阀。

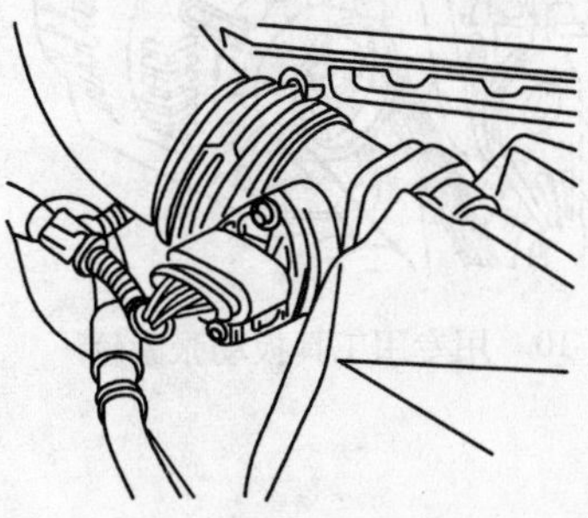

图 18-5　拔下空气流量计的电线接头

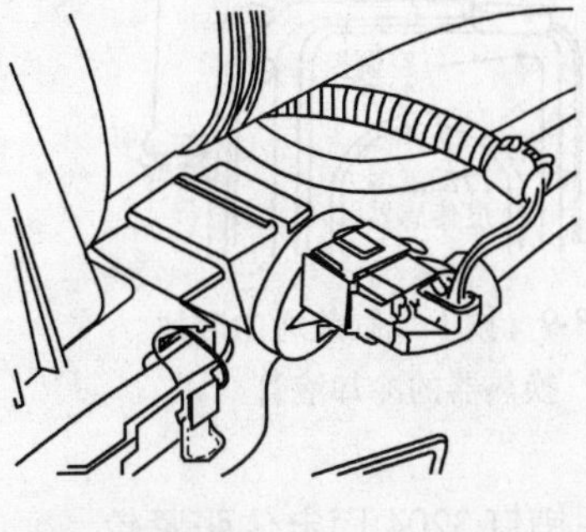

图 18-6　拔下活性炭罐电磁阀（ACF 阀）的电线接头

14）拆下空气滤清器至节气门控制器之间的空气管路。

15）拆下空气滤清器罩壳。

16）拔下燃油分配管上的供油管和回油管，如图 18-7 所示。注意：燃油系统是有压力的，在打开系统之前先在开口处放置抹布，然后小心地松开接头以放出压力。

17）松开节气门拉索，如图18-8箭头所示。

18）拔下通向活性炭罐电磁阀的真空管，如图 18-8 所示。

19）拔下通向制动助力装置的真空管，如图 18-8 所示。

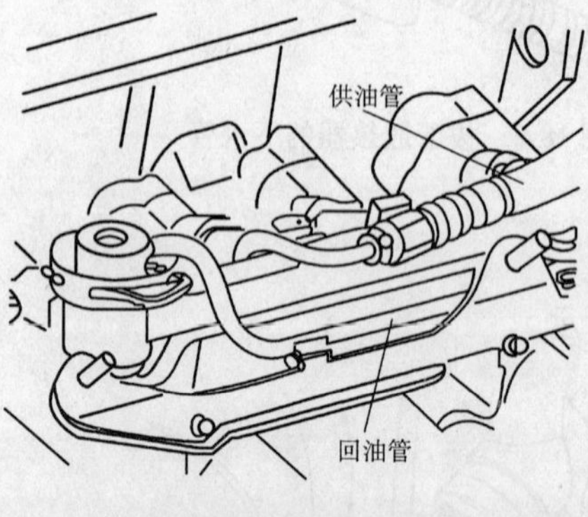

图 18-7 拔下供油管和回油管

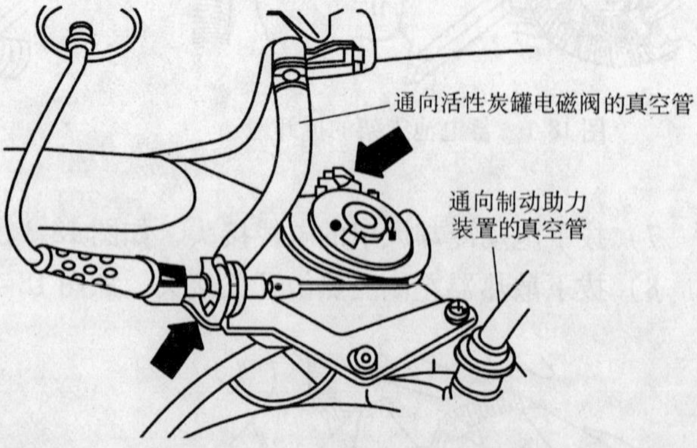

图 18-8 松开节气门拉索

20）拔下位于发动机底部通向暖风换热器的冷却液管。

21）拔下气缸盖通向暖风换热器的冷却液管，如图 18-9 所示。

22）拔下变速器上的车速传感器插头、倒车灯开关。

23）松开空调压缩机与支架的联接螺栓，取下 V 带。

24）移开空调压缩机并将其悬挂在副梁上（使用电线），不要悬挂在制冷剂管道上。此时不要打开空调管路。

25）使用专用工具按图 18-10 所示的方向扳动张紧轮，使传动带松开。

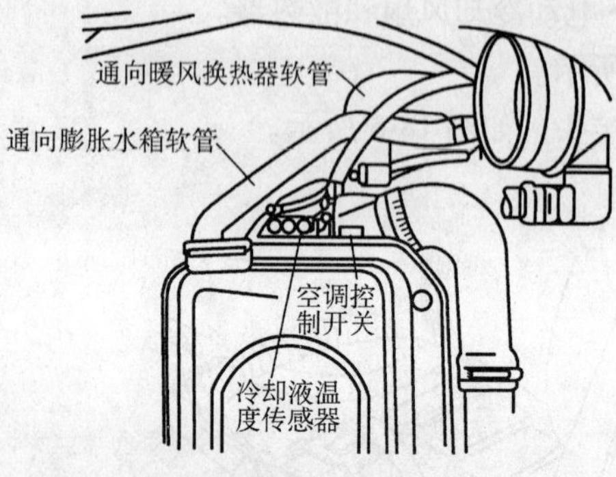

图 18-9 拔下气缸盖通向暖风换热器的冷却液管

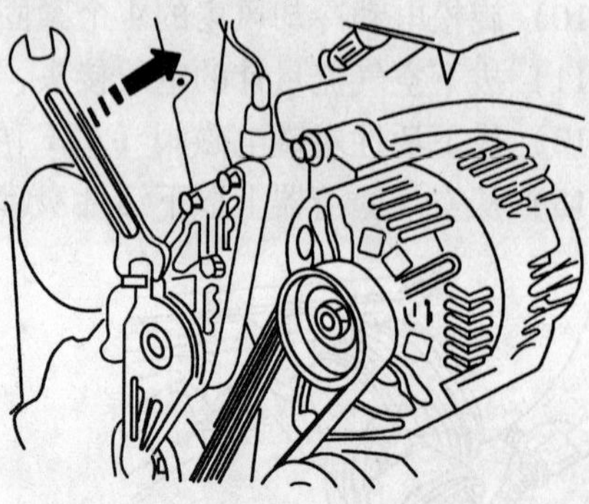

图 18-10 用专用工具扳动张紧轮

26）使用销钉 3204 固定住张紧轮。

27）从发电机上取下 V 带。

28）取下销钉 3204。

29）松开动力转向油泵的 V 带带轮的螺栓，拆下 V 带带轮。

30）从支架上拆下动力转向油泵，并将其固定在发动机舱内的一侧。

31）旋下排气歧管和前排气管的联接螺栓。

32）拔下起动机电线，并从变速器壳体上拆下起动机。

33）松开车身上的搭铁线。

34）旋下所有发动机与车身的联接螺栓。

35）使用变速器托架托住变速器的底部，或者将支承工具 10-222A 固定在车身两侧（见图 18-11），使用变速器吊装工具 3147 吊住变速器。

36）旋下发动机与变速器的紧固螺栓，留下一个螺栓定位。

37）使用小吊车 V. A. G1202 和发动机吊架 2024A 吊住发动机的吊耳。

38）松开最后一个紧固螺栓。

39）小心地将发动机吊离发动机舱。

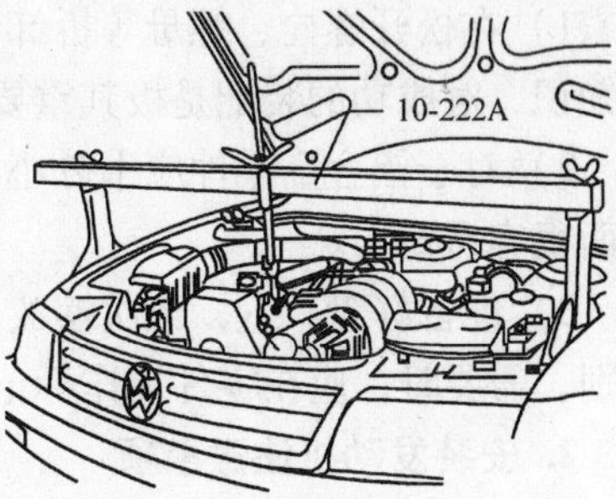

图 18-11　安装支承工具 10-222A

2. AJR 型发动机总成的安装

AJR 型发动机的安装按照与拆卸相反的顺序进行，但是要特别注意以下几点：

1）在安装时，应检查发动机和变速器之间的定位销是否安装好。

2）更换所有的锁紧螺母。

3）更换所有已经按照拧紧力矩紧固过的螺栓。

4）更换所有密封圈和衬垫。

5）在变速器输入轴上涂薄薄的一层 G000100 润滑脂。分离轴承的导向套不必润滑。

6）必要时，检查离合器膜片各分离杠杆的同轴度。

7）检查曲轴后部滚针轴承是否安装上。

8）如果气缸盖和气缸体都没有更换，则可以使用原来排出的冷却液。

9）安装发动机支架时，摇动发动机使其安装到位。

10）调整节气门拉索，使其活动灵活。

11）在不拧紧螺栓的情况下，调整排气管。

12）查询故障码。当拔下电气元件接头时，会导致故障码被存储。查询故障码，必要时删除故障码。

AJR 型发动机主要螺栓螺母拧紧力矩见表 18-1。

表 18-1　AJR 型发动机主要螺栓螺母拧紧力矩

零件名称	型号	拧紧力矩/N · m
一般螺栓螺母	M6	10
	M8	20
	M10	45
	M12	65
发动机支承与副梁螺栓		40 ± 5
发动机支架与发动机支架螺栓		40 ± 5

（续）

零件名称	型号	拧紧力矩/N·m
发动机扭力臂		23±3
前排气管与排气歧管联接螺栓		25±2.5
管子支承与车头联接螺栓		65±6

五、注意事项

1. 拆卸发动机注意事项

1）在松开螺栓、螺母等拆卸零部件之前，应仔细检查。在分解前或分解过程中所得到的知识，对成功的装配是极其重要的。

2）对于铝合金零件应十分小心地进行操作。铝合金零件比钢或铸铁零件软，其精加工表面很容易损伤。

3）准备好盘、盒，依次摆放分解的零件。在盘、盒内摆入零件时，应使这些零件易于识别。需要时，应在零件上作标记和加标签，以使这些零件能装回原来的位置。

2. 安装发动机注意事项

发动机安装程序按与拆卸相反的程序进行，同时应注意下列事项：

1）在发动机的安装件和安装托架固紧之前，不要完全松脱起吊装置，以免发生安全事故。

2）按规定程序和规定的牌号、数量，将发动机的润滑油、变速器润滑油和冷却液加至标准量。

3）按规定的方法，将阻风门、节气门和离合器拉索调整到标准要求。

4）按规定的拧紧力矩，将发动机安装部位、转向球节螺栓、稳定杆安装托架螺钉等紧固。

5）各导线的插接件要插接到位，接线要正确无误。

6）在发动机安装后和起动之前要全面检查安装部位的正确性。

7）起动发动机后，应检查点火正时是否正确。如果不正确，则按规定要求予以调整。

8）发动机起动后，要检查冷却系统、润滑系统和发动机运转部分是否有漏水、漏油、漏气部位及不正常的异响和噪声。

9）在发动机起动检查之后，应行驶1～3km，检查各拉索调整的正确性和各零部件的工作状况是否正常。

六、评分标准

序号	考核项目	配分	考核内容	评分标准	扣分	得分	考核记录
1	工作态度	10	迟到、早退、旷工	迟到、早退每次扣5分，旷课一节扣10分			
			嬉戏打闹	酌情扣分			
			认真、严谨、团结、协作	酌情给分			

（续）

序号	考核项目	配分	考核内容	评分标准	扣分	得分	考核记录
2	安全文明操作	10	遵守安全操作规程，正确使用工具、量具，操作现场整洁	酌情给分			
			安全用电、火，无人身、设备事故	若因违规操作发生重大人身和设备事故，按0分计			
3	考核过程	10	发动机的组成（口述）	根据叙述内容是否正确酌情给分			
		10	结合发动机实物叙述发动机的拆卸步骤	根据叙述和操作内容是否正确酌情给分			
		25	发动机的拆卸	根据操作内容是否正确酌情给分			
		25	发动机的安装	根据操作内容是否正确酌情给分			
4	考核结果	10	任务完成时间	酌情给分			
			任务完成质量	酌情给分			
5	分数	100					

七、实训报告

实训项目：____________________

姓名：__________	班级：__________
学号：__________	日期：__________

一、工具和材料

答：____

二、实训练习

1. 发动机的组成是怎样的？

答：____

2. 发动机的拆卸步骤是怎样的？

答：____

3. 安装发动机时要注意什么？

答：____

三、指导教师评语

____

实训任务十九　发动机的维护

一、实训目标

1. 知识目标

1）了解发动机二级维护的作业内容、技术要求及竣工检验技术标准。

2）掌握发动机二级维护中的清洁、紧固、检查及检测作业的操作方法。

2. 技能目标

1）掌握二级维护基本作业的具体操作方法。

2）掌握二级维护附加作业的确定方法。

3）能根据二级维护前的检测结果决定附加的小修作业。

4）能对发动机进行维护作业。

二、实训设备、仪器和工具

1. 实训设备

桑塔纳轿车及维修手册、常用工具、车辆保护套、车轮挡块、举升机。

2. 实训工具

1）常用拆装工具1套（包括呆扳手、梅花扳手、套筒扳手、活扳手、内六方扳手、钢丝钳、尖嘴钳、一字旋具、十字旋具、锤子、扭力表、撬杠和冲头等）。

2）火花塞套筒、机油滤清器拆装专用扳手、虎钳、千斤顶。

3）塞尺。

4）废气检查仪、转速检查仪、空气压缩机。

5）机油、清洗剂、油盆、棉纱、砂纸、硬质胶片或竹片等。

三、相关内容

1. 二级维护主要内容

二级维护指除一级维护作业外，以检查、调整转向节、转向摇臂、制动蹄片、悬架等经过一定时间的使用容易磨损或变形的安全为主，并拆检轮胎，进行轮胎换位，检查、调整发动机工作状况和污染控制装置等，由维修企业负责执行的车辆维护作业。

2. 一、二级维护周期

汽车一、二级维护周期应以汽车行驶里程为基本依据来确定。汽车一、二级维护行驶里程依据车辆使用说明书的有关规定，同时依据汽车使用条件的不同，由省级交通行政主管部门规定。

3. 二级维护作业过程

汽车二级维护时首先要进行检测。汽车进厂后，根据汽车技术档案的记录资料（包括车辆运行记录、维修记录、检测记录、总成维修记录等）和驾驶人反映的车辆使用技术状况（汽车的动力性，异响、转向、制动及燃、润料消耗等），确定所需检测项目。依据检测结果及车辆实际技术状况进行故障诊断，从而确定附加作业项目，附加作业项目确定后与基本作业项目一并进行二级维护作业。二级维护过程中要进行过程检验，过程检验项目的技术要求应满足有关技术要求或规范。二级维护作业完成后，应经维修企业进行竣工检验，竣工检验合格的车辆由维修企业填写《汽车维护竣工出厂合格证》后才可出厂。

4. 汽车发动机二级维护基本作业项目

1）拆检、清洗机油粗滤器，更换滤芯。

2）拆检机油细滤器。

3）拆检、清洗机油盘、集滤器，检查曲轴轴承松紧度，校紧曲轴轴承螺栓、螺母。

4）热车放出脏机油后，加入清洗剂，清洗发动机油道。

5）检查清洗汽油滤清器。

6）检查汽油泵及管路。

7）清洗火花塞积炭，校正电极间隙，检查有无漏油现象。

8）清洁、检查、调整分电器。

9）检查、调整气门间隙。

10）检查、紧固进、排气歧管。

11）清洁发动机空气滤清器和曲轴箱通风空气滤清器。

12）清洁曲轴箱通风单向阀及管路。

13）校紧水泵螺栓、螺母，调整风扇 V 带松紧度。

14）按规定次序和转矩校紧缸盖螺栓。

15）拆洗化油器进口滤网，清洁化油器外壳，检查联动机构，紧固联接螺栓。

16）检查发动机支架的连接及损坏情况。

17）检查、紧固、调整散热器及百叶窗。

18）检查、紧固汽油箱及油管。

19）检查、紧固排气管及消声器。

20）检测发动机燃烧效果，进行调整。

四、实训步骤

1. 发动机二级维护基本作业的内容及技术要求

发动机二级维护由专业维修工负责，其中心内容除一级维护作业外，以检查、调整为主，并根据二级维护前的检测结果进行相应的附加作业。中型载货汽车的二级维护周期为10000~15000km，发动机二级维护基本作业的内容及技术要求（以 EQ6100 和 CA6102 发动机为例）见表 19-1。轿车的常规维护周期一般为 15000km（或 12 个月），轿车发动机常规维护基本作业的内容（以普通桑塔纳 JV 发动机为例）见表 19-2。

表 19-1　中型载货汽车发动机二级维护的基本作业内容及技术要求

序号	维护项目	操作要点	技术要求	
			EQ6100	CA6102
1	机油粗滤器	拆检清洗粗滤器、更换滤芯	1）密封圈应完好有效 2）更换滤芯 3）压紧弹簧应完好有效 4）内油道无堵塞	

（续）

<table>
<tr><th rowspan="2">序号</th><th rowspan="2">维护项目</th><th rowspan="2">操作要点</th><th colspan="2">技术要求</th></tr>
<tr><th>EQ6100</th><th>CA6102</th></tr>
<tr><td>2</td><td>机油细滤器</td><td>拆检细滤器</td><td colspan="2">1）清洗转子罩内壁脏物
2）清洗转子
3）喷孔畅通
4）密封圈无损坏变形
5）装复时，装配标记要对齐
6）发动机熄火后，在2~3min内应能听到转子正常的响声</td></tr>
<tr><td rowspan="2">3</td><td rowspan="2">油底壳</td><td rowspan="2">拆检清洗油底壳、集滤器，检查曲轴轴承松紧度、校紧曲轴主轴承和连杆轴承螺栓螺母，加注润滑油</td><td>1）校紧曲轴主轴承和连杆轴承螺栓，拧紧力矩分别为167~186N·m和98~118N·m</td><td>1）校紧曲轴主轴承（前、中间拧紧力矩为138~157N·m，中、后拧紧力矩为98~118N·m）和连杆轴承螺栓（拧紧力矩为113~123N·m）</td></tr>
<tr><td colspan="2">2）清洗油底壳和集滤器沉积物
3）紧固机油管路螺栓
4）油底壳衬垫完好有效
5）曲轴箱油面高度符合要求</td></tr>
<tr><td>4</td><td>汽油滤清器</td><td>检查、清洗</td><td colspan="2">1）清洗滤清器，清除脏物
2）检查滤芯，必要时更换</td></tr>
<tr><td>5</td><td>汽油泵及管路</td><td>检查汽油泵及管路</td><td colspan="2">1）汽油泵工作正常
2）管路畅通，无凹陷、裂损，接头不漏油</td></tr>
<tr><td>6</td><td>气门间隙</td><td>检查、调整</td><td>气门间隙为0.25~0.30mm</td><td>气门间隙为0.20~0.25mm</td></tr>
<tr><td>7</td><td>进、排气歧管</td><td>检查、紧固</td><td colspan="2">1）校紧进、排气歧管螺栓螺母
2）进、排气歧管无裂纹，衬垫完好，无漏气</td></tr>
<tr><td>8</td><td>空气滤清器</td><td>清洁发动机空气滤清器和曲轴箱通风，空气滤清器取出滤芯进行清洗或吹净</td><td colspan="2">1）各滤芯清洁无损坏，上、下衬垫密封良好
2）外壳清洁，卡固牢靠</td></tr>
<tr><td>9</td><td>曲轴箱通风单向阀及管路</td><td>检查、清洁</td><td colspan="2">1）阀体及弹簧清洁，φ2mm通风孔应畅通
2）管路连接无松动，不漏气（连接胶管不失效）
3）无堵塞，无卡滞</td></tr>
<tr><td rowspan="2">10</td><td rowspan="2">水泵及风扇传动带</td><td rowspan="2">1）校紧各部螺栓螺母
2）检查传动带，调整传动带松紧度</td><td colspan="2">1）紧固水泵连接部位螺栓螺母，密封垫应完好有效</td></tr>
<tr><td>2）传动带完好有效，松紧度符合下列要求：在中间位置施加29~49N的力时，其挠度应为10~15mm</td><td>2）传动带完好有效，松紧度符合下列要求：在中间位置施加39N的力时，其挠度应为10~15mm</td></tr>
<tr><td>11</td><td>气缸盖螺栓</td><td>按规定次序和力矩校紧</td><td>缸盖螺栓齐全完好，拧紧力矩为167~198N·m</td><td>缸盖螺栓齐完全好，拧紧力矩为98~118N·m</td></tr>
</table>

（续）

序号	维护项目	操作要点	技术要求	
			EQ6100	CA6102
12	化油器	1）拆洗化油器进油口滤网 2）清洁化油器外壳 3）检查联动机构 4）紧固联接螺栓	1）滤网清洁，作用良好 2）外部清洁，无泥污 3）节气门、阻风门开闭完全，联动机件运动灵活，不松旷，垫圈、锁销齐全有效 4）各连接螺栓紧固，衬垫良好，不漏油，不漏气	
13	发动机支架	检查发动机支架的连接及损坏情况	支架无断裂，发动机支撑垫齐全完好，螺栓螺母紧固	
14	散热器及百叶窗	检查、紧固、调整	1）散热器软管无变形、破损及漏水现象，紧固可靠 2）散热器不漏水 3）散热器螺栓紧固，锁止可靠，胶垫齐全完好 4）百叶窗各部连接牢固，开、闭灵活	
15	汽油箱及油管	检查、紧固	1）油箱胶垫完好，紧固可靠，无磨损，不漏油 2）油管紧固可靠，无碰擦，接头不漏油	
16	排气管及消声器	检查、紧固	1）排气管联接螺栓紧固，衬垫完好，不漏气 2）排气管固定可靠，支架完好 3）消声器固定可靠，性能良好	
17	燃烧效果	检测、调整	各缸均工作，转速500r/min时，尾气中含氧量为9%～15%；转速为1500r/min时，尾气中含氧量为4.7%～6.3%	

表19-2　普通桑塔纳JV发动机常规维护的基本作业内容

序号	维护项目	序号	维护项目
1	检查调整发动机怠速及CO含量	5	检查冷却液液面高度
2	更换燃油滤清器及机油滤清器	6	检查、调整冷却液防冻能力
3	更换发动机机油	7	调整V带松紧度
4	检查燃料系统、冷却系统、润滑系统有无渗漏	8	

2. 发动机二级维护附加作业项目的确定

汽车进行二级维护时，应先将汽车外部彻底清洗干净，然后对其技术性能进行全面检测，并结合车辆技术档案和驾驶人的反映，合理确定二级维护附加作业项目。下面以EQ6100发动机为例进行介绍：

（1）发动机动力性　利用发动机综合测试仪对发动机进行检测，当发动机功率低于原厂额定功率的80%，单缸转速降小于90r/min，备缸转速降相差超过25%时，应进行如下附加作业：

1）检查气门的密封性，必要时进行气门研磨。

2）检查气缸垫及进、排气歧管衬垫是否漏气，并更换损坏的衬垫。

3）检查气缸、活塞及活塞环的磨损程度，必要时进行镗缸、更换活塞或活塞环。

4）检查正时齿轮及凸轮轴的磨损程度，磨损超标时，更换新件。

5）检查并排除化油器、汽油泵及油路故障。

6）检查并排除点火系统故障。

（2）气缸压力 用气缸压力表检测时，气缸压力应不小于标准值的 80%（EQ6100 发动机的标准气缸压力为 835.56kPa，桑塔纳 JV 发动机的标准气缸压力为 1000～1300kPa），各缸压力差应不大于规定值的 10%。否则，应进行以下附加作业：

1）检查气门的密封性，必要时进行气门研磨。

2）检查气缸垫是否窜气，若窜气，更换损坏的气缸垫。

3）检查气缸、活塞及活塞环的磨损程度，必要时进行镗缸、更换活塞或活塞环。

4）检查正时齿轮及凸轮轴的磨损程度，磨损超标时更换新件。

（3）曲轴箱窜气量 取下发动机加机油口盖，安装好曲轴箱窜气量仪，然后起动发动机，并使之以 2000r/min 的转速运转，此时，曲轴箱窜气量应不大于 70L/min。否则，应进行以下附加作业：

1）检查气缸、活塞及活塞环的磨损程度，必要时进行镗缸、更换活塞或活塞环。

2）检查活塞是否烧顶、气缸是否严重拉缸，必要时更换活塞并视情况镗缸。

（4）曲轴箱漏气量 拆下火花塞，摇转曲轴，使被测气缸活塞处于压缩行程上止点，然后安装好气缸漏气量检测仪，按说明书的要求进行测量时，测量表的气压值应不大于 0.25MPa（发动机无异响、气缸压力和曲轴箱窜气量符合规定时，此项可不检测）。否则，应进行如下附加作业：

1）检查气缸、活塞及活塞环的磨损程度，必要时进行镗缸、更换活塞或活塞环。

2）检查活塞是否烧顶、气缸是否严重拉缸，必要时，更换活塞并视情况镗缸。

3）检查气门的密封性，必要时进行气门研磨。

（5）进、排气歧管真空度 在发动机怠速运转、发动机温度为 75～85℃的条件下用汽车发动机检测专用真空表进行测量时，进、排气歧管的真空度应为 50～70kPa，波动值应不大于 5kPa。否则，应进行以下附加作业：

1）检查气缸、活塞及活塞环的磨损程度，必要时进行镗缸、更换活塞或活塞环。

2）检查气门的密封性及气门杆与气门导管的磨损程度，并视情修理。

3）检查气缸垫是否窜气，进、排气歧管衬垫是否漏气，必要时进行更换。

（6）气缸内部窥查 在发动机温度低于 50℃的情况下，用工业纤维内窥镜进行窥视，如果气缸壁表面有拉伤痕迹、活塞有烧顶现象，应更换活塞并视情况镗缸。

（7）配气相位 在发动机转速为 800r/min，气门间隙为 0.25mm 的条件下，用发动机综合测试仪检测，进、排气门开闭角度误差应不大于 2′。否则，应进行以下附加作业：

1）检查正时标记是否对正，不符合要求时重新进行安装。

2）检查正时齿轮及凸轮轴的磨损程度，磨损严重时更换新件。

（8）发动机异响 用发动机综合测试仪检测结合人工判断，发动机存在异响时应视情况对相应机件进行修理或更换，以排除异响故障。

（9）发动机其他部位

1）水泵、空气压缩机存在异响及渗漏，或水泵轴有松旷晃动现象时，应对水泵及空气压缩机进行检修。

2）冷却系统各接头部位及散热器有漏水现象，或水温出现异常时，应进行修复。

3）曲轴前、后油封出现漏油时，应对油封进行更换。

4）发动机出现过热时，应检查冷却系统工作是否正常，配气相位是否正确，点火正时调整是否得当，并进行相应的调整及修理。

5）机油压力过低时，应检查机油泵是否失效，曲轴、凸轮轴与轴承的配合间隙是否过大，油道是否堵塞，限压阀调整是否得当，油压表及其传感器是否损坏，并进行相应的修理。

(10) 机油质量分析　机油污染指数（或斑痕）、开口闪点及水分中有一项不符合技术要求时，应更换机油。

3. 发动机二级维护作业

完成二级维护前检测并确定附加作业项目后，将车辆平稳地停放于地沟或举升器上进行二级维护作业。

(1) EQ1092 型载货汽车发动机的二级维护

1）燃料供给系统的二级维护。对发动机燃料供给系统进行二级维护时，其基本步骤如下：

①打开发动机罩盖并将其锁止，以防操作过程中罩盖落下伤人。

②拆下空气滤清器盖并取出滤芯，检查滤芯及其密封垫有无破损。出现破损时，应予以更换。滤芯过脏时，可用手轻轻拍打其端面，并用不大于 0.5MPa 的压缩空气由里向外吹净（EQ1092 型汽车采用的是干式滤芯，维护时不可用汽油或水等进行清洗）。

③拆开与化油器连接的各油管、真空管、节气门拉杆及阻风门拉线。松开化油器底座的紧固螺母。从进、排气歧管上取下化油器，用纸板盖住化油器座孔，以防异物落入气缸。

④拆下化油器进油口接头及滤网，将滤网清洗干净，并清除化油器外部的泥污；检查节气门轴和阻风门轴是否松旷，节气门和阻风门能否完全开闭，各联动机件运动是否灵活，并视情况进行修复；化油器衬垫出现漏油、漏气等现象时，应进行更换。

⑤将完好有效的滤网及密封胶圈等装回到化油器进油门上，然后将化油器重新装到车上，并连接各管路及操纵机构。

⑥将空滤器外壳擦拭干净，重新安装好滤芯及滤清器盖，拧紧支架螺栓及进气胶管夹箍螺栓，以确保空滤器安装牢固。

⑦拆除汽油滤清器进、出油管及固定螺栓，取下汽油滤清器进行解体清洗，以恢复其滤清能力，并检查滤芯、锁止弹簧、密封圈等是否完好，必要时更换新件。

⑧装合汽油滤清器，装车并连接好进、出油管。

⑨拆下汽油泵出油口管接头，用手拉动汽油泵手摇臂进行检查。若出油口出油急促有力，不夹带气泡，说明汽油泵良好；否则，应拆卸检修。

⑩装复汽油泵，检查燃油管路有无凹陷、裂损及接头松动现象，必要时进行修理或更换新件。

⑪检查进、排气歧管有无裂纹，衬垫是否完好有效，并以 35～45N·m 的力矩校紧进、排气歧管紧固螺母。

⑫检查排气管接口衬垫有无漏气现象，必要时更换新衬垫，并校紧排气管联接螺栓。

⑬检查消声器固定是否可靠，支架有无断裂，并校紧其固定螺栓。

⑭检查油箱胶垫是否完好，油箱及油管接头是否漏油，必要时换用新件并校紧油管接头

及各固定螺栓。

2）润滑系统的二级维护。对发动机润滑系统进行二级维护时，其基本步骤如下：

①用专用扳手旋拆机油粗滤器，然后在待更换的新滤清器内灌满清洁润滑油，并在其油封部位涂抹少许机油。用手将粗滤器装上，待油封与接合面接合后，再拧紧3/4圈。维护后起动发动机时，如果其密封面漏油，可再进一步拧紧，直到不漏为止。

②从车上拆下离心式机油细滤器并解体（分解细滤器时，严禁把转子体夹在台虎钳上，以防转子体变形，破坏其平衡）。解体后，用硬质胶片或竹片刮去转子罩内壁上的油垢并清洗干净（严禁用金属工具对转子罩进行刷、刮，以免损伤转子），然后用铜丝疏通转子喷嘴。

③组装机油细滤器：将转子罩装到转子体上时应对正装配记号，并以50N·m的力矩拧紧其锁紧螺母，各密封胶圈应完好无损且不得漏装；止动垫片光面应对着转子，六角形盖螺母用100N·m的力矩拧紧。

④将维护好的机油细滤器装车并紧固好其联接螺栓。

⑤放净油底壳中的机油，重新旋紧放油螺塞，然后拆下油底壳固定螺栓，取下油底壳及其衬垫，并拆下机油集滤器。

⑥用清洗剂将油底壳及机油集滤器清洗干净，在机油集滤器与机油泵结合面处涂抹适量密封胶后，将机油集滤器装复。拧紧机油泵固定螺栓及管路联接螺母。

⑦在结合面上涂抹密封胶后装复油底壳，从机油加注口加注发动机润滑油至规定油面高度（冬季加入QD-30汽油机油，夏季加入QE-40汽油机油）。油面高度的检查方法是：将机油尺拔出擦净后重新插到底，然后抽出查看。油面应在机油尺上、下两刻线之间。

3）冷却系统的二级维护。对发动机冷却系统进行二级维护时，其基本步骤如下：

①检查水泵密封垫有无漏水现象，并校紧水泵各紧固螺栓及螺母。

②检查散热器软管有无变形、破损及漏水现象，软管紧固是否可靠，散热器有无漏水现象，校紧散热器支架螺栓并将其可靠锁止。

③校紧百叶窗各固定螺栓，并检查其开、闭是否灵活。百叶窗开度不足时，拧动拉杆后端的调整螺母进行调整。

④在风扇与发电机的中间位置，用拇指以29～49N的力垂直下压风扇传动带检查其挠度。挠度值应为10～15mm，若不符合要求，应进行调整。松开发电机调节臂上的紧固螺栓和发电机固定螺栓，用撬棒向外撬动发电机，使传动带松紧度符合要求，然后重新拧紧发电机调节臂上的紧固螺栓，复查传动带松紧度。复查符合要求后，拧紧发电机紧固螺栓。

4）配气机构的二级维护。对发动机配气机构进行二级维护时，其基本步骤如下：

①检查、调整气门间隙：气门间隙的调整一般采用两次法，即摇转曲轴使发动机1缸处于压缩行程上止点，然后用塞尺检查1、2、4、5、8、9气门的间隙（EQ1092型载货汽车气门间隙的冷态标准值是：进气门0.25mm，排气门0.30mm）。气门间隙不符合要求时，用梅花扳手松开调整螺钉的锁紧螺母，然后用一字旋具拧动调整螺钉，至推拉塞尺稍有阻力时，拧紧锁紧螺母并复查气门间隙是否合适。若不合适，重新调整。随后摇转曲轴一周（360°），使6缸处于压缩行程上止点，用同样的方法检查、调整3、6、7、10、11、12气门的气门间隙。

②拔下曲轴箱通风空气滤清器，用清洗剂清洗干净以恢复其滤清能力。然后，用压缩空

气吹干并重新装车。

③从车上拆下曲轴箱强制通风装置通风单向阀进行清洗检查。单向阀应无阻塞或卡滞，否则，应更换新件。然后，将曲轴箱通风单向阀装回到车上，接好通风管路并校紧管接头螺母。

5）其他机件的二级维护。除上述内容外，对发动机进行二级维护时，还应进行以下作业：

①检查调整空气压缩机传动带的松紧度，其检查方法与风扇传动带松紧度的检查方法相同。不符合要求时，松开空气压缩机底座与支架间的3个固定螺栓，拧动其调整螺栓进行调整。螺栓向里拧时，传动带变紧；反之，变松。传动带松紧度调好后，拧紧空压机的固定螺栓，并对传动带的松紧度进行复查。

②拆下空气压缩机滤清器，取出其密封圈及海棉滤芯等零件，将滤芯及外壳清洗干净，以恢复其滤清能力（注意：橡胶密封圈不得用汽油清洗），然后按与拆卸相反的顺序将空气压缩机空气滤清器装回到发动机上（装复时，密封垫圈必须放正，以确保密封可靠）。

③检查发动机支架有无断裂，支撑垫是否完好，并校紧其前、后悬置螺栓的紧固螺母。

④按照由内向外、交叉对称紧固的顺序将气缸盖螺栓校紧至规定力矩。发现有漏水或漏气迹象时，应检查气缸垫是否损坏，必要时更换新件。

⑤拔掉各缸高压线，清除火花塞孔周围的污物。然后，用火花塞套筒旋下各缸火花塞，并用棉纱等物堵住火花塞座孔，以防异物落入气缸。

⑥清除火花塞电极周围的积炭，并检查火花塞绝缘体有无裂纹及破损（出现破损时更换新件），然后用相应的火花塞量规测量火花塞的电极间隙。其标准值为0.65～0.90mm，若不符合要求，应进行调整。检修完毕后，将火花塞装回到发动机上。

⑦清洁分电器外表，并检查其线路连接是否牢固可靠，若出现松动，应重新拧紧；然后打开分电器盖，清洁分电器壳内部及分火头，检查分电器触点有无烧蚀及偏斜。出现烧蚀时，应用细砂条或“00”号细砂纸磨光，并用不起毛的干净白纸揩拭干净；用手推拉分电器凸轮轴检查其轴向和径向间隙，若出现明显晃动，应更换分电器；摇转发动机使分电器触点完全打开，用塞尺测量触点间隙，其间隙值应为0.35～0.45mm，若不符合要求，应使触点处于完全打开状态，然后用一字旋具松开固定触点臂紧固螺钉，并转动调整螺钉进行调整，间隙符合要求后重新拧紧固定触点臂紧固螺钉；然后用少许机油对分电器轴及凸轮等部件进行润滑。

⑧装复分电器盖，并按1-5-3-6-2-4点火顺序插好各缸高压线。

6）尾气检测。发动机二级维护后，其尾气排放量应符合标准要求。检测尾气排放量时，应先使发动机温度升至60℃以上、调好点火正时、阻风门全开、排气系统无漏气现象，然后按以下程序进行检测：

①按使用说明书连接好检测仪，并用标准气样对仪器进行调零。

②起动发动机，使其由怠速加速至0.7倍的额定转速，维持60s后再降至怠速。

③将取样管插入排气管中并固定，插入深度为400mm

④使发动机在怠速下维持运转15s开始读数，读取30s内的最低值和最高值，取其平均值作为检测结果。

在怠速工况下，EQ6100和CA6102发动机尾气中CO的含量应≤5%，HC含量应≤2000

$\times 10^{-6}$。

（2）桑塔纳轿车JV发动机的常规维护

1）燃料系统的常规维护。普通桑塔纳轿车每行驶15000km或12个月，应检查、调整发动机的怠速及尾气中的CO含量，更换燃油滤清器，检查有无渗漏现象，并校紧排气系统各联接螺栓。

①检查、调整发动机怠速及尾气中的CO含量时，应先使发动机温度升至60℃以上、调好点火正时、阻风门全开、打开远光灯、关闭空调及其他用电设备，从空气滤清器上拔下曲轴箱通风软管。按操作说明接好转速检查仪V. A. G1367和废气检查仪V. A. G1363（安装前先关闭点火开关），然后起动发动机对怠速转速及尾气中的CO含量进行检测。桑塔纳JV发动机的怠速转速应为800±50r/min，所测得的废气中的CO含量应不大于1.0%±0.5%。不符合要求时，可转动怠速调整螺钉及CO调整螺钉（先拆下塑料封盖）进行调整。调整完毕后，重新接好曲轴箱通风软管。

②更换燃油滤清器时，先拆除滤清器两端的接头卡箍，取下旧滤清器，然后接好新滤清器，并用新卡箍夹固好两端接头。燃油滤清器的安装方向如图19-1所示。

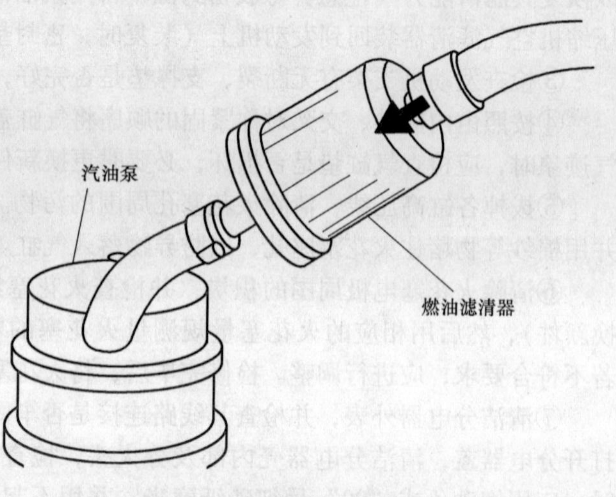

图19-1 燃油滤消器的安装方向

③排气系统各螺栓出现松动时，应更换螺栓并重新拧紧，各卡箍及排气歧管紧固螺栓的拧紧力矩为25N·m，排气管与排气歧管连接螺栓的拧紧力矩为3N·m。吊环卡箍出现破损时，应更换新件，安装时，排气消声器不得对着保险杠的凹形处，以防废气被挡入车内。

2）冷却系统的常规维护。冷却系统的常规维护作业主要是检查冷却系统有无渗漏检查、调整V带松紧度、检查防冻液液面高度及防冻能力，并视情况添加及更换防冻液。

冷却系统出现渗漏时，应更换相应的密封件，拧紧松动的联接螺栓。

用拇指以39.2~49N的力按压V带中部时，其挠度应为8~12mm。不符合要求时，应松开发电机张紧臂紧固螺栓、发电机固定螺栓及V带张紧螺母的紧固螺栓，转动张紧螺母进行调整。调整合适后重新拧紧各螺栓。

冷却系统的液面应位于膨胀箱上的max（最高）和min（最低）液面标记之间，若低于min（最低）液面标记，应及时添加防冻液。其具体操作方法如下：

①将暖风开关拨至Warm（热）位置。

②打开冷却液膨胀箱盖，向内添加冷却液，直至液面达到max（最高）标记处。

③拧紧冷却液膨胀箱盖，起动发动机，使冷却液温度逐渐升高，当温度升高至风扇开始转动时，关闭发动机。

④再次检查液面高度，如有下降，将冷却液添加至与冷却液膨胀箱上的max（最高）标记平齐。

维护时若发现冷却液的防冻能力明显下降，应更换冷却液。其操作步骤如下：

①将暖气开关拨至 Warm（热）位置，使暖气阀全开。

②打开冷却液膨胀箱盖。

③松开水泵进水口软管的夹箍，放出全部冷却液，并予以收集。

④接好水泵进水口软管。

⑤将合格冷却液自膨胀箱口加注到冷却系统中，其操作方法与添加冷却液相同，液面应达到 max（最高）标记处。

注意：冷却液有毒，进行更换或添加时，必须防止冷却液进入口中，特别要防止小孩与之接触。

3）润滑系统的常规维护。对桑塔纳发动机进行常规维护时，应更换机油及机油粗滤清器，检查润滑系统有无渗漏现象，并视情况更换相应的油封。

①更换机油时，应在热车状态下放尽旧机油，然后选用合格的新机油并加注到规定的油面高度。

②更换机油粗滤器时，先用专用扳手夹住旧的机油粗滤器将其从底座上旋下，然后在新粗滤器中加满机油，并在其密封面上涂少许机油，用手将其拧紧到粗滤器座上。起动发动机后，若发现粗滤器结合面处漏油，可用专用扳手适当拧紧，直至不漏油为止。

③更换曲轴前油封时，应先拆下齿形传动带及曲轴齿带轮等机件，然后用专用油封取出器“2085”（见图 19-2）拆下旧油封。拆卸时，先将油封取出器的内螺套 A 从外件中旋出 2 圈，并拧紧滚花螺钉 B 将其锁止。在外件外部的锥形螺纹上涂上机油，用手将其尽可能地拧入油封刃口中。然后旋松螺钉 B，将内螺套 A 旋入，拉出旧油封。在新油封外圈及其唇边上涂以机油或润滑脂，将油封导向套安装到曲轴上并套好油封，用压具将新油封推压到位。

④更换曲轴后油封时，应先拆下离合器总成及飞轮，然后用专用工具“10-221”取出曲轴后油封，如图 19-3 所示。在新油封的外圈及唇边上涂一层机油或润滑脂，用专用导向套“2003/2A”将油封放入油封座内，并用专用压具“2003/1”将油封推压到位。

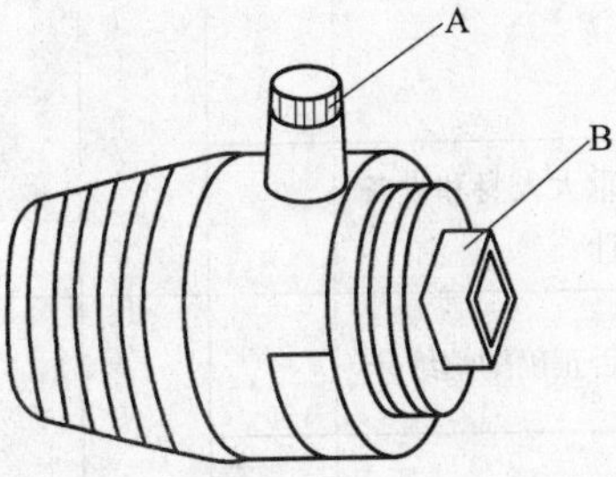

图 19-2 油封取出器“2085”

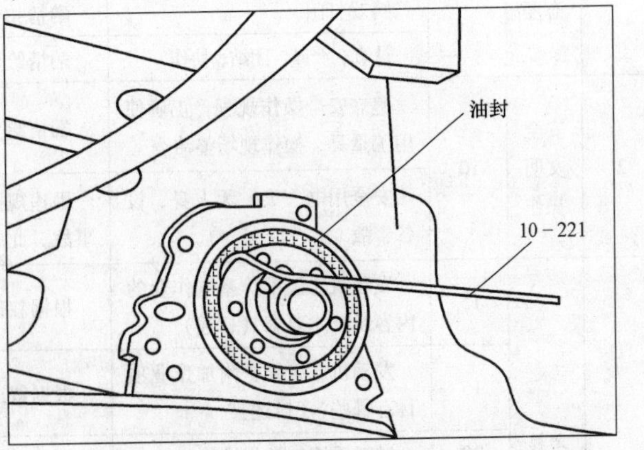

图 19-3 拆卸曲轴后油封

⑤凸轮轴油封损坏引起漏油时，可先拆下齿带上护罩，将曲轴置于第一缸压缩行程上止点位置，松开齿带张紧轮，拆下齿形传动带及凸轮轴齿带轮等机件，并将齿带轮紧固螺栓及平垫圈重新拧紧到凸轮轴上。然后用油封取出器“2085”将油封取出（操作方法与曲轴前

油封的拆卸相同）。安装新油封时，应先在油封外圈及其唇边上涂一层机油或润滑脂，然后将油封放入专用导向套“10-203”中，并用压具平整地压装到凸轮轴上（油封压至略低于承孔端面为止，不得压到底，以防会堵塞回油孔）。

⑥气门油封损坏时，可在不拆气缸盖的情况下进行更换，也可在拆卸气缸盖后更换气门油封。不拆卸气缸盖时，更换操作步骤如下：

1）拆下凸轮轴、液压挺杆及火花塞，拉紧驻车制动装置。

2）将压缩空气管旋入火花塞螺纹孔内，并向气缸内输入压力为600kPa以上的压缩空气，以保证拆卸气门弹簧时气门不下行。

3）拆下气门锁片、弹簧座及气门弹簧，再用专用油封拉器“3047”或尖嘴钳等工具拔出旧气门油封。

4）使用塑料导向套和专用安装工具“10-204”将涂油后的新气门油封装入。

五、注意事项

1）尽量使用专用工具进行拆装作业，以提高工作效率和质量。

2）密封胶垫不得用任何油类或碱性液体清洗，以防老化。密封垫不得漏装。

3）机油滤清器装复前，要充满清洁机油，以防发动机起动后，造成主油道缺油。

4）严格按GB/T 18344—2001《汽车维护、检测、诊断技术规范》操作，杜绝盲目作业。

六、评分标准

序号	考核项目	配分	考核内容	评分标准	扣分	得分	考核记录
1	工作态度	10	迟到、早退、旷工	迟到、早退每次扣5分，旷课一节扣10分			
			嬉戏打闹	酌情扣分			
			认真、严谨、团结、协作	酌情给分			
2	安全文明操作	10	遵守安全操作规程，正确使用工量具，操作现场整洁	酌情给分			
			安全用电、火，无人身、设备事故	因违规操作发生重大人身和设备事故，此题按0分计			
3	考核过程	15	发动机二级维护基本作业的内容及技术要求（口述）	根据叙述内容是否正确酌情给分			
		15	发动机二级维护附加作业项目有哪些？（口述）	根据叙述内容是否正确酌情给分			
		20	燃料系统的常规维护	根据操作内容是否正确酌情给分			
		10	冷却系统的常规维护	根据操作步骤是否正确酌情给分			
		10	润滑系统的常规维护	根据操作步骤是否正确酌情给分			

（续）

序号	考核项目	配分	考核内容	评分标准	扣分	得分	考核记录
4	考核结果	10	任务完成时间	酌情给分			
			任务完成质量	酌情给分			
5	分数	100					

七、实训报告

实训项目：________________

姓名：________ 学号：________	班级：________ 日期：________

一、工具和材料

答：____

____

二、实训练习

1. 发动机二级维护附加作业项目有哪些？

答：____

____

____

2. 中型载货汽车二级维护内容有哪些？

答：____

____

____

3. 桑塔纳轿车发动机常规维护内容有哪些？

答：____

____

____

4. 发动机维护注意事项有哪些？

答：____

____

____

三、指导教师评语

____

____

参 考 文 献

[1] 鲁民巧. 汽车构造 [M]. 北京：高等教育出版社，2008.
[2] 黄文伟，贺萍. 汽车维修实训 [M]. 北京：清华大学出版社，2003.
[3] 郭新华. 汽车构造 [M]. 北京：高等教育出版社，2004.
[4] 沈云鹤. 汽车发动机构造与维修 [M]. 北京：高等教育出版社，2005.
[5] 崔振民. 汽车发动机维修实训 [M]. 北京：人民交通出版社，2003.
[6] 郑劲，石允国. 汽车维修实训 [M]. 北京：中国石化出版社，2007.